CAPRICORNE

2003

 Numéro d'éditeur : 561 • ISBN : 2-258-06011-7 • Retrouvez-nous sur Internet : www.horscollection.com • Achevé d'imprimer sur les presses de Brodard et Taupin, France - 14449.

Christine HAAS

CAPRICORNE 2003

22 décembre
20 janvier

ÉDITIONS HORS COLLECTION

Le Capricorne *dans tous ses états*

Vous, le Capricorne

Sommaire

Sommaire

L'année mois par mois

Le Capricorne

dans tous ses états

Vous, le Capricorne

Vous êtes un signe de terre, froid et sec, cardinal (de changement de saison). Le Soleil traverse votre signe du 21 décembre au 19 janvier (selon les années). En apparence, vous êtes une personne froide, distante, dont on dit qu'elle a trop d'ambition et pas assez de considération pour les autres. En fait, ce sont des défenses puissantes que vous avez mises en place contre votre sensibilité — que vous prenez pour une faiblesse — et vous savez parfaitement vous montrer tendre, généreux et plein d'humour quand il le faut. Sérieux, responsable et gros travailleur, vous êtes quelqu'un sur qui l'on peut compter et vous aimez protéger ceux dont vous avez la charge. Vous ne parlez que pour dire l'essentiel et préférez la qualité à la quantité. Capable de tous les dépouillements, vous aimez pourtant l'argent et le pouvoir qu'il représente. On vous reproche bien sûr votre froideur, votre manière de tout prendre au sérieux sans établir d'échelle de valeurs. Vous avez également très peur de perdre ou d'être rejeté, et vous aimez mieux prévenir que guérir. Pessimiste et fataliste, vous manquez de fantaisie et de foi en la vie. Par ailleurs, votre souci des conventions peut être agaçant.

Votre santé est extrêmement solide, mais vous vous en occupez rarement. Vous allez jusqu'à ignorer vos besoins élémentaires (on trouve pas mal de cas d'anorexie chez le Capricorne), surtout quand vous êtes concentré sur quelque chose. Les os, les dents et la peau sont régis par votre signe.

En tant que Capricorne, vous devez examiner soigneusement la position et les aspects de Saturne dans votre thème. ■

MYTHOLOGIE Quand on s'intéresse à l'astrologie, on ne peut ignorer qu'elle fonctionne par analogie et qu'elle doit beaucoup à la mythologie.

D'après Joëlle de Gravelaine[1], parmi les mythes du Capricorne il faut principalement compter avec la chèvre Amalthée et le dieu Pan. La première, chèvre ou nymphe, aurait nourri Zeus dans sa petite enfance et l'aurait également protégé contre les menaces de son père. Et Zeus aurait revêtu la peau de la chèvre pour monter au ciel... Ce qui nous rappelle combien le Capricorne a la peau sensible, à quel point elle est un reflet de ses tourments intérieurs. Quant à Pan, sa mère est horrifiée par sa laideur à la naissance et le rejette. De cette dimension du mythe, nous déduisons des caractéristiques communes à tous les Capricorne : le sentiment d'être mal aimé, abandonné et frustré. Pan sera conduit par Hermès sur l'Olympe pour divertir les dieux, car s'il est disgracieux il n'en possède pas moins un caractère gai et un beau tempérament. N'oublions jamais que le Capricorne a de l'humour et le sens de la dérision, même s'il les exerce à ses propres dépens...

PSYCHOLOGIE Chaque signe a sa façon bien à lui d'exister et représente un champ d'expérience particulier. Si vous êtes Capricorne, c'est parce que, au moment où vous avez vu le jour le Soleil traversait le Capricorne. Ce qui ne signifie pas que votre personnalité dans son ensemble en soit marquée. Les autres planètes occupent d'autres signes, qui représentent d'autres champs d'expérience, lesquels vont servir votre nature Capricorne. Le Soleil

1. Joëlle DE GRAVELAINE, *Dieux et héros du zodiaque*, Robert Laffont, 1996.

est ce vers quoi nous tendons, ce que nous nous proposons de réaliser, notre idéal. En Capricorne, il représente ce que les psychologues appellent le surmoi[2], c'est-à-dire l'ensemble des valeurs héritées de l'éducation et qui se retrouvent quand on se dit à soi-même : « Je dois, il faut, il ne faut pas, etc. » Il est avéré que le surmoi est l'héritier du complexe d'Œdipe, l'un des reliquats de cette tragédie de l'enfance qui veut que l'on désire séduire le parent du sexe opposé, mais que l'on finisse par y renoncer : l'interdit de l'inceste intégré, l'enfant acquiert à la fois la notion de profondeur et celle des limites. Le Capricorne se construit sur ce constat déprimant qu'on ne peut pas obtenir celui ou celle qu'on désire profondément, qu'il faut faire avec et que le mieux est de respecter cette forme de contrat social qui limite le désir, mais ouvre les portes du grand monde. En conséquence, soucieux des conventions et déterminé à modeler ce grand monde à son désir, le Capricorne développe une forte ambition : réussir est essentiel à ses yeux, et tout échec est insupportable. De plus, insatisfait au départ, il sera souvent déçu et surtout pessimiste, puisqu'il connaît l'issue de toute chose. Mais cette insatisfaction sera indubitablement un moteur pour ceux qui sauront faire l'effort de la dépasser un peu. Cette « sagesse », ce savoir sont visibles très tôt dans la vie de l'enfant Capricorne, qui vous regarde d'un air grave et se plonge dans d'intenses réflexions devant ses jouets... C'est peut-être la raison pour laquelle ses parents lui font confiance et l'investissent souvent de responsabilités trop lourdes pour lui, ou d'un rôle qui n'est pas le sien et qui lui vole son

2. Philippe GRANGER, Astrologie psychanalytique, séminaire 1, éd. du Rocher, 1996.

enfance. D'après Philippe Granger[3], le travail de tout Capricorne sera de se détacher du surmoi collectif, c'est-à-dire des conventions qui lui servent de tuteur en quelque sorte, pour aller vers le surmoi intérieur, et donc vers la connaissance de ses propres valeurs. Car « c'est dans la mesure où l'on se retourne vers l'intérieur que l'on peut changer l'extérieur, et non pas le contraire »...

TRAVAIL C'est vraiment un domaine pour lequel vous êtes doué et vous vous y investissez à fond ! Il faut dire que vous avez de l'ambition et que grimper l'échelle sociale fait souvent partie de vos projets. Mais il faut ne pas vous précipiter et faire du temps votre allié ; d'ailleurs, vous le savez, vous qui êtes géré par Saturne-Cronos ! Déterminé, persévérant et doté d'un grand pouvoir de concentration, vous aimez tellement les études qu'il vous arrive de passer à côté de votre adolescence ! Mais celle-ci se manifestera plus tard, à contretemps... Doué pour les chiffres, amoureux de l'histoire et de votre terre natale, féru de politique, vous vous fixez généralement un but et y consacrez les deux tiers de votre temps et de votre énergie. Vous êtes nombreux à parvenir assez haut dans la hiérarchie, ce qui forcément vous isole des autres. Mais la solitude est une vieille compagne que vous fréquentez depuis l'enfance et elle ne vous fait pas peur. Vous ne craignez pas non plus les rivalités et les jalousies, bien que les combattre vous semble du temps perdu. Gagner de l'argent fait aussi partie de vos motivations et vous savez l'économiser, étant donné que vous avez l'esprit conservateur et que votre besoin de

---

3. *Ibid.*

sécurité matérielle est intense. Lorsque vous êtes alléché par une dépense qui n'est pas essentielle, vous finissez par trouver mille raisons de ne pas acheter ce qui vous tente. On ne peut pas dire, au fond, que vous vous fassiez souvent plaisir ! Toutefois, de bons résultats dans le travail valent pour vous tout l'or du monde.

LES DOMAINES OÙ VOUS RÉUSSISSEZ Celui des chiffres, dans un premier temps, car vous aimez jongler avec eux : comptable, banquier, gestionnaire, inspecteur des impôts ou expert-comptable. La science fait également partie des domaines qui vous intéressent, vous appréciez la rigueur de ses raisonnements et de ses expériences : vous serez attiré par les métiers de chercheur, biologiste, pharmacien. Mais vous êtes un signe de terre et l'on vous retrouve souvent dans des activités qui y sont liées : agriculteur, jardinier, maçon ou architecte, archéologue. Enfin, tout ce qui est lié à l'histoire vous intéresse : on vous rencontrera dans des bibliothèques, aux archives, dans des musées...

LES SENTIMENTS, LA SEXUALITÉ Voici un domaine délicat pour le timide que vous êtes ! Vous avez du mal à exprimer vos sentiments, à aller vers l'autre, et ce mélange d'orgueil et de timidité risque de vous isoler, de vous empêcher de construire une vraie relation avant un certain âge. Passé le cap de l'adolescence, vous conservez un abord un peu rébarbatif qui n'incite pas à vous sauter au cou ! Mais vous savez que vous n'arriverez à rien si vous restez dans votre tour d'ivoire et vous faites de

louables efforts qui vous donnent cet air bourru et cette maladresse touchante... Jamais vous ne donnerez votre cœur avant d'avoir longuement réfléchi et d'être sûr de ne pas vous faire « jeter » par l'autre. La peur de l'abandon, constitutive de votre personnalité, joue à fond dans ce domaine de votre vie et gâche souvent vos moments de bonheur. De plus, vous êtes beaucoup plus émotif et sensible qu'on ne le pense, et c'est contre cette « fragilité » que vous construisez des remparts. Si quelqu'un fait l'effort d'aller au-delà de ces apparences, il ou elle découvre alors en vous des trésors de tendresse !
Lorsque vous avez enfin trouvé celui ou celle qui vous correspond, vous vous « offrez » tout entier à l'objet de votre flamme, construisez du solide et faites preuve d'une indéfectible fidélité ! Même si, ayant idéalisé votre partenaire, vous vous apercevez après quelque temps qu'il n'est pas celui ou celle que vous imaginiez... Votre sens du devoir vous pousse alors à « rester » et à honorer ainsi votre engagement. Si en revanche vous êtes heureux, votre conjoint arrive progressivement à vous apprivoiser et à faire s'exprimer une sensualité qui peut se révéler brûlante et exigeante. Mais il faut vraiment que vous soyez totalement en confiance... Et si cela vous arrive, vous pardonnez rarement l'humiliation d'une tromperie.

LA VITALITÉ Robuste, solide, vous êtes de la race des centenaires ! Votre gouverneur, Saturne, vous donne en effet une constitution d'une grande résistance, ce qui ne vous empêche pas de souffrir de petits maux parfois handicapants, comme les rhumatismes ou l'arthrose. Par ailleurs, vous tombez fréquemment et il n'est pas rare que vous vous cassiez un ou plusieurs membres au cours de votre vie. Ce n'est certes pas par goût du risque (vous êtes économe de vous-même), mais parce que vous avez les genoux, et les articulations en général, plutôt fragiles. Vous êtes également sujet aux foulures et autres tendinites, surtout si vous pratiquez un sport d'endurance. Votre dentition est aussi à surveiller. Mais la zone la plus sensible, on l'a vu, reste la peau, et vos émotions refoulées s'y inscrivent immanquablement ! Eczéma, allergies, herpès, urticaire, etc. sont fréquents chez vous et s'imposent selon vos humeurs. Vous devez donc faire particulièrement attention à votre peau ; de plus, elle est sèche et, si vous êtes une femme, il vous est conseillé de la nourrir dès l'adolescence, sinon elle se marque rapidement. Par sympathie avec le Cancer, votre opposé zodiacal, vous avez le système digestif fragile et les intestins délicats ; les dégoûts alimentaires datant de l'enfance sont fréquents et il n'est pas rare que vous éliminiez un ou plusieurs aliments de vos menus quotidiens ! Il vous arrive même d'avoir des périodes d'anorexie.

GOÛTS ALIMENTAIRES Votre devise : manger de tout, un peu ! On ne peut pas dire que vous soyez, comme votre voisin le Sagittaire, un « bon vivant » doté d'un appétit inépuisable ! D'ailleurs, vous ne vous souciez pas vraiment de calmer votre peu d'appétit et sautez souvent le déjeuner pour ne pas trop prendre sur votre temps de travail ! Si vous ne mangez pas beaucoup, en revanche vous êtes très exigeant sur la qualité de votre nourriture et, même si vous n'êtes pas très à l'aise financièrement, vous faites attention à ce que vous achetez. Vous appréciez les produits sains et nombre d'entre vous deviennent végétariens à un moment de leur vie.

À table, vous êtes de ceux qui ne remplissent pas leur assiette et qui y picorent ! Vous donnez même l'impression de ne pas apprécier ce que vous êtes en train de manger !

Il vous est conseillé de privilégier tous les aliments contenant du calcium, de manière à consolider votre ossature.

ANALOGIES DU CAPRICORNE

Zones du corps : les genoux, les os et la peau.

Planète maîtresse : Saturne. Dieu du temps[4]. Il immortalise, mais jaloux et solitaire, il sacrifie ses enfants et incline le Capricorne à contrôler ses désirs, ses émotions, ses élans spontanés. Orgueil et préjugés sont aussi son apanage et sont excessifs dans votre signe.

Planète exaltée : Mars. Symbole de l'effort, il évoque le dieu romain Mars, divinité agraire. Il symbolise toute la vigueur énergétique de la nature à chaque renaissance, celle-ci prenant sa source en Capricorne, signe où les jours commencent à rallonger et qui annonce le prochain printemps.

Planète en exil : la Lune. Elle n'est pas à l'aise dans ce signe froid, qui impose de la distance à ses émotions, alors qu'elle représente précisément le monde intérieur et tout ce qui le remue. C'est la raison pour laquelle vous pouvez paraître aussi inémotif. Ce qui ne veut pas dire que vous ne ressentez rien, loin de là...

Planète en chute : Jupiter. La planète de l'abondance, de l'essor, n'a

4. Gisèle Borie et Géraldine Jouin, *L'Astrologie : l'interprétation des signes par les mythes*, coll. « L'Homme et l'univers », Éd. du Rocher, 1990.

que peu de familiarité avec le Capricorne, souvent dans l'austérité et la rigidité. C'est également un facteur de chance, or vous pensez souvent ne pas en avoir et ne devoir votre réussite qu'à vos efforts. Ce qui est souvent vrai.

Végétaux : le saule, le pin, l'orme, le peuplier, la centaurée, la pensée.

Couleurs : les couleurs du soleil, jaune orangé, safran...

Pays et villes : Inde, Mexique, Afghanistan ; Oxford, Delhi, Mexico, Gand, Bruxelles.

Animaux : les chèvres et autres animaux aux sabots fendus.

CÉLÉBRITÉS DU SIGNE Paul Amar, Richard Anthony, Thierry Ardisson, Simone de Beauvoir, Richard Bohringer, Jeanne Bourin, Dany Brillant, Cabu, Nicolas Cage, Juan Carlos (roi d'Espagne), Jim Carrey, Paul Cézanne, Kevin Costner, Étienne Daho, Dalida, Gérard Depardieu, Marlène Dietrich, Philippe Douste-Blazy, Lara Fabian, Marianne Faithfull, Federico Fellini, Guy Forget, Laurent Gerra, Mel Gibson, Françoise Hardy, Robert Hossein, Serge July, Diane Keaton, Jean-Luc Lahaye, Jacqueline Maillan, Noël Mamère, Ricky Martin, Henri Matisse, Michèle Mercier, Henry Miller, Molière, Gilbert Montagné, Jim Morrison, Pascal Obispo, Aristote Onassis, Vanessa Paradis, Roland Petit, Michel Piccoli, Mary Pierce, Elvis Presley, Régine, Dany Saval, Michael Schumacher, Smaïn, Rod Stewart, Danièle Thomson, Lilian Thuram.

Le zodiaque

En levant la tête vers le ciel, les anciens ont donné une forme aux constellations. Ils ont fait exactement comme nous lorsque nous croyons voir des chevaux au galop dans les nuages ou un volcan en éruption dans une tache sur un mur... Nous projetons nos images internes sur des objets extérieurs auxquels nous attribuons un sens. **L'astrologie obéit donc, depuis la nuit des temps, à une loi de correspondance et d'analogie.**

C'est Ptolémée (au IIe siècle après J.-C.) qui divisa le zodiaque en douze parties (ou signes), correspondant au passage apparent du Soleil devant les constellations, et donc aux saisons. **En conséquence, la base de l'astrologie est saisonnière.**

Au fil des siècles, les astrologues ont tout simplement donné du sens à ce qu'ils observaient, ils ont fait « correspondre » le mouvement des planètes aux mouvements des hommes (psychiques et physiques)... De cette somme d'observations amassées par les grands et petits astrologues de l'Antiquité à nos jours s'est constituée la théorie astrologique dont nous disposons aujourd'hui.

Faut-il croire à une influence quelconque des astres ? Rien ne nous permet de l'affirmer. Toutefois, une jeune science, la chronobiologie, nous apprend que certains récepteurs de notre cerveau sont sensibles aux cycles : le cycle circadien, l'alternance jour-nuit, le cycle de vingt-huit jours de la Lune qui, c'est connu, a une influence sur le cycle menstruel, sur le déclenchement des accouchements... D'une certaine manière, il semble que nous soyons reliés à l'univers, les atomes sont les mêmes, alors pourquoi ne pas imaginer que nous sommes réceptifs aux cycles planétaires qui, à l'échelle de la galaxie, ne sont pas très éloignés de nous... ■

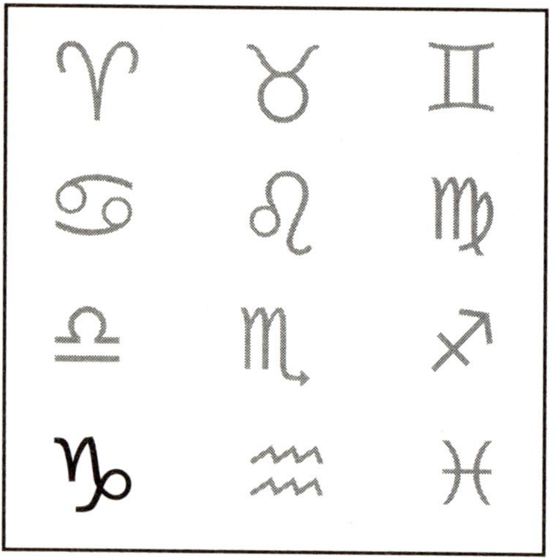

Les douze signes

♈ Aux impulsifs et créatifs **Bélier** de commencer le cercle (et le cycle) du zodiaque et de représenter le renouveau de la nature, puisque c'est le signe dans lequel a lieu l'équinoxe de printemps. C'est le premier signe de changement de saison.

♉ Le **Taureau** représente le milieu de la saison, la période où le printemps s'installe vraiment et où l'on profite sensuellement de la douceur de l'air. D'où sa réputation d'épicurien...

♊ Le **Gémeaux** est un signe de fin de saison : l'été n'est pas loin et la durée du jour atteint son maximum. D'où une personnalité à l'image de la période : instable, puisque participant aux deux conditions climatiques, mais aussi extravertie et ouverte sur le monde.

♋ Le **Cancer**, premier signe d'été, possède des qualités propres aux signes de changement de saison (comme le Bélier, la Balance et le Capricorne) : esprit d'entreprise, caractère passionné, mais avec une tendance aux excès et aux exubérances représentatives de la saison.

Le Capricorne dans tous ses états

♌ Le **Lion**, signe de milieu de saison, est l'époque où la nature resplendit : elle se donne à voir dans un spectacle aux couleurs flamboyantes. Tout comme les membres du signe, qui aiment attirer le regard, briller et parler fort...

♍ La **Vierge**, signe de fin de saison (l'automne arrive), est l'époque où l'on engrange en prévision de l'hiver. Ce qui explique la nature conservatrice et prévoyante du signe. Mais aussi sa perpétuelle inquiétude : ai-je mis assez de côté, suis-je en sécurité ?

♎ La **Balance**, signe de changement de saison, représente l'entrée dans l'automne, d'où un spleen, une nostalgie des beaux jours. Mais c'est aussi l'équilibre entre le jour et la nuit, et l'on sait que ce signe privilégie avant tout l'harmonie, la justice, l'égalité...

♏ Le **Scorpion** marque l'installation de l'automne, le moment où la nature meurt pour renaître au printemps suivant. Les natifs du signe seront donc structurés sur un besoin de détruire et de reconstruire, de transformer les choses et les êtres.

♐ Le **Sagittaire**, à cheval sur l'automne et l'hiver, utilise sa nature de feu, positive et dynamique, pour réunir et réchauffer. Il aime être le centre d'intérêt ! Mais sa nature bouillonnante se refuse à l'enfermement et à l'hibernation, d'où son besoin incessant de mouvement, de voyages...

♑ Le **Capricorne**, signe de changement de saison (solstice d'hiver), est exactement à l'image de la période qu'il représente : froid dehors et chaud dedans ! Le froid, le gel rendent la terre plus dure, mais protègent la graine... De la même manière que le Capricorne se protège de sa sensibilité.

♒ Au **Verseau** l'hiver s'installe, mais la nature est en pleine révolution : elle se prépare à exploser et à renaître. Aussi les natifs du signe sont-ils tournés vers l'avenir, toujours bouillonnants de projets... qui ont parfois un caractère utopique, car l'hiver est toujours là !

♓ Enfin, avec les **Poissons**, l'hiver se termine, mais il peut encore faire froid et surtout l'ambiance est humide (les fameuses giboulées de mars !). Aussi avons-nous affaire à des personnalités tournées à la fois vers l'intérieur — sensibles, rêveuses, imaginatives — et vers l'extérieur — dans le besoin d'aimer et de se faire aimer des autres.

Signes masculins et féminins

♀ ♂

En fonction de sa nature et de la place qu'il occupe, la tradition a également attribué un genre à chaque signe : six sont masculins, six sont féminins. Les valeurs de jour, positives et actives, sont masculines, et les valeurs de nuit, passives, féminines.

Bélier : masculin

Taureau : féminin

Gémeaux : masculin

Cancer : féminin

Lion : masculin

Vierge : féminin

Balance : masculin

Scorpion : féminin

Sagittaire : masculin

Capricorne : féminin

Verseau : masculin

Poissons : féminin

Les quatre éléments

SIGNES DE FEU Bélier, Lion, Sagittaire. Leur nature chaude et sèche symbolise l'élan vital, la confiance en soi, le besoin d'agir, de réaliser et de conquérir.

SIGNES DE TERRE Taureau, Vierge et Capricorne. Leur nature sèche et froide symbolise l'instinct de propriété, la prévoyance, le pouvoir de concentration.

SIGNES D'AIR Gémeaux, Balance, Verseau. Leur nature chaude et humide et symbolise le besoin de s'exprimer, de créer des liens, d'acquérir et de partager des connaissances.

SIGNES D'EAU Cancer, Scorpion, Poissons. Leur nature froide et humide symbolise le rêve, l'imaginaire, le goût du mystère et l'intuition dans toute sa splendeur (et son efficacité).

Les planètes du zodiaque

Dix planètes pour douze signes, ça ne « colle » pas ! Aussi retrouverons-nous deux fois Mercure et Vénus pour représenter des signes différents.

Sachez qu'on donnera toujours une place de choix au Soleil et à la Lune, les objets célestes les plus brillants. Le moins lumineux est Pluton, qui représente tout ce qu'on refoule, tout ce qui est caché à nos yeux.

Certaines planètes peuvent, en apparence, adopter une marche rétrograde — pour l'observateur terrestre, bien sûr. Dans ce cas, l'interprétation diffère légèrement et ses valeurs sont plus intériorisées que si la planète avait une marche directe. L'énergie qu'elle représente aura en tout cas le choix de se mettre au service de la personne ou... de se retourner contre elle.

Mars, qui représente l'énergie, peut être rétrograde dans un thème. Cela voudra dire que dans certaines circonstances, l'agressivité est retournée contre soi : on se ronge les ongles, on s'arrache les cheveux, par exemple. ■

LES PLANÈTES PERSONNELLES

SOLEIL Il fait le tour du zodiaque en un an et, si vous êtes Capricorne, c'est qu'au moment de votre naissance le Soleil traversait ce signe. Source de toute vie, il est l'élément le plus important du thème natal : il brille pour tout le monde de la même façon et notre survie dépend de lui ! C'est donc lui qui domine, et les autres planètes sont à son service. Elles le « nourrissent » et vous aident à tendre vers l'idéal qui est le vôtre.
Le signe et le secteur qu'occupe le Soleil indiquent la nature de cet idéal, l'image que vous voulez donner de vous ; les autres planètes et l'ascendant nous disent comment vous vous y prenez.

LUNE Elle met vingt-huit jours à faire le tour du zodiaque et n'émet aucune lumière, étant simplement éclairée par le Soleil. De tous les corps célestes, elle est la plus proche de la Terre et cette proximité nous influence, car beaucoup de nos rythmes sont synchronisés sur ses mouvements. Ses changements de phases lui ont fait attribuer une nature fantasque et capricieuse, que l'on retrouve en effet chez toutes les personnes marquées par cette planète. Elle représente également l'élément maternel, féminin du thème, nos humeurs, notre vie intérieure et ses aléas. De plus, elle est liée symboliquement au bébé, à la petite enfance jusqu'à 7 ans, et n'est jamais loin de l'enfant qui sommeille en nous à l'âge adulte.

MERCURE Cette planète effectue un tour de zodiaque en quatre-vingt-sept jours et connaît de régulières périodes de rétrogradation (trois dans l'année en principe)... Selon la mythologie, Mercure est le petit dieu ailé de la communication, mais il est aussi le prince des voleurs ! Il est habile, malin, rusé et possède une formidable capacité à s'adapter. Dans un thème, il représente bien sûr notre façon d'entrer en relation avec le monde et les autres, ainsi que nos apprentissages et notre manière de les mettre en application (en fonction du secteur occupé). Symbole également de notre mental, de notre humour et de notre sens critique, il participe de toutes les fonctions de liaison.

VÉNUS La planète fait le tour du zodiaque en deux cent quarante-quatre jours et connaît elle aussi des périodes de rétrogradation (des « boucles »), au cours desquelles elle peut rester presque six mois dans un signe. Déesse de l'amour et de la beauté, elle est associée à tout ce qu'on aime ! Les plaisirs de la chair autant que ceux de la bonne chère, la satisfaction de posséder, d'acquérir et de conserver... Esthète, elle adore la beauté et l'expression artistique sous toutes ses formes. La joie de réussir, d'avoir un enfant ou le bonheur d'aimer, d'être aimé font aussi partie de ses attributions. Quand vous rencontrez l'âme sœur, quand vous faites un enfant, quand vous recevez un cadeau ou une somme d'argent, Vénus est dans les parages !

MARS Mars accomplit son tour du zodiaque en six cent quatre-vingt-six jours et connaît lui aussi de longues périodes de rétrogradation. Cette planète est celle de l'énergie, de la combativité, de l'agressivité et de la volonté. Mais elle participe aussi très activement à la sexualité, dans la mesure où elle représente la qualité, la forme que prend notre désir ; si Mars est bien allié à Vénus, vous aurez une vie sexuelle épanouie, par exemple ! Mais quand vous vous fâchez avec quelqu'un, que vous êtes en colère et que vous avez envie de vous venger, c'est certainement aussi un coup de Mars ! Quand vous commencez un nouveau job, que vous vous y investissez à fond, ou quand vous êtes débordé de boulot, Mars y participe pleinement ! Et si vous êtes sportif et que vous faites de la compétition, il faut espérer que Mars est bien situé dans votre thème...

LES PLANÈTES COLLECTIVES (SOCIALES)

JUPITER Cette planète fait le tour du zodiaque en douze ans (à peu près) et occupe donc chaque signe pendant un an. Elle se trouve à l'interface des planètes personnelles et collectives, c'est-à-dire qu'elle participe des deux. Jupiter résume nos qualités, détaillées par les planètes personnelles, et nous indique comment les projeter et les utiliser dans le monde extérieur. Il représente donc une porte d'entrée dans le grand monde, notre insertion sociale : comment l'on mène son petit bonhomme de chemin et dans quelle mesure on saura saisir ses chances. Régulièrement, ses aspects nous invitent à progresser ou à adopter un profil bas : trop de confiance en soi et un manque d'humilité peuvent nuire. Mais tout dépend des rapports qu'il entretient avec Saturne, car ces deux planètes forment un « couple ». La première est liée à l'expansion, la seconde, au contraire, aux freins et aux obstacles... L'une est le principe de plaisir, l'autre le principe de réalité, deux pôles complémentaires chers aux psychanalystes freudiens.

SATURNE Saturne traverse les douze signes du zodiaque en un peu plus de vingt-neuf ans et définit les étapes de l'existence par lesquelles nous devons tous passer. L'« âge de raison » à 7 ans, lors de son premier « carré » (aspect dissonant), l'adolescence à 14 ans, lors de son opposition (il faut peu à peu renoncer à l'enfance), le début de l'âge adulte à 21 ans et le retour à sa position natale à 29 ans, qui marque la fin de l'adolescence. Puis nous repartons pour quatre nouvelles périodes de sept ans. Saturne est en prise directe avec la réalité, c'est la raison pour laquelle ses aspects sont toujours aussi pénibles à vivre : nous sommes des êtres de plaisir et tout ce qui nous en éloigne est frustrant. Saturne nous demande de construire, d'être raisonnable, sérieux et même rigoureux. Mais en échange, il nous donne beaucoup : une identité stable, un moi solide et capable de se défendre contre les agressions de la vie.

URANUS Il ne lui faut pas moins de quatre-vingt-quatre ans pour faire le tour du zodiaque et son cycle correspond, en gros, à la durée d'une vie humaine. Cette planète représente avant tout la capacité à être libre, à devenir autonome, mais aussi les changements de cap par lesquels on doit passer si l'on veut progresser, les revirements brusques, les changements de situation — négatifs et positifs ! Quatre phases importantes marquent son cycle : le premier « carré », vers 21 ans, signe le moment où l'on se doit de quitter ses parents (normalement) et de prendre son autonomie. L'opposition, vers 41-42 ans, symbolise une remise en question, le moment où l'on a envie de donner un nouvel élan à sa vie ;

il peut y avoir une rupture avec des habitudes acquises. Le deuxième « carré », aux alentours de 62 ans, correspond également à un changement de vie : la retraite et le début d'une nouvelle forme d'activité. Enfin, en dernier lieu, Uranus revient sur sa position natale vers 82-83 ans.

NEPTUNE Neptune fait sa révolution autour du zodiaque en cent soixante-cinq ans. N'ayant pas grand-chose à voir avec les aspects personnels, il correspond au contraire à tout ce qui est de l'ordre du collectif. Les grands courants philosophiques ou religieux lui sont attribués, de même que les effets pervers de certains paradis artificiels : drogue, alcool. Avec un « bon » Neptune, en relation harmonieuse avec des planètes personnelles, vous aurez beaucoup d'intuition, de *feeling*... Vous serez enclin à la compassion, voire à l'empathie, et vous aurez peut-être même une créativité développée. Les artistes lui doivent beaucoup, car Neptune symbolise l'inspiration, la capacité à capter les courants collectifs et à les exprimer. La politique et ses ruses, le mensonge, l'illusion, la fuite dans une fausse réalité et la faiblesse sont également de son fait.

PLUTON Dernière planète du système solaire, Pluton en fait le tour en deux cent cinquante ans et, comme elle a été découverte récemment (1930), les astrologues n'ont pas beaucoup de recul pour juger de ses domaines d'influence. Mais elle a fait son « apparition » quasiment en même temps que la psychanalyse et on lui prête une analogie avec l'inconscient, le refoulé. Les êtres marqués par Pluton sont secrets, volontiers mystérieux, et un désir puissant les anime : celui de maîtriser, de contrôler, tout en restant dans l'ombre. Elle représente également la sexualité et ses avatars, les obsessions, la jalousie et la possessivité. Ses phases, peu nombreuses au cours de notre existence, correspondent toujours à un moment où il faut faire table rase du passé et repartir de zéro. Elle signe donc autant une « mort » symbolique qu'une renaissance.

Les secteurs

(Votre attitude dans la vie selon votre heure de naissance)

Tout comme les signes, les secteurs divisent le zodiaque en douze tranches, qui représentent les heures de la journée. Il s'agit en fait d'un second zodiaque, qui symbolise le champ d'action des planètes. Le premier secteur, ou ascendant, est le point qui se lève à l'horizon au moment de votre naissance. Ensuite, on trouve le secteur II, puis le III, etc. **Tout cela dépend de votre heure de naissance (heure solaire).** ■

VOUS ÊTES NÉ ENTRE 6 H ET 8 H : SECTEUR XII

C'est, normalement, le moment auquel on vient de se lever. L'effet stimulant de l'hormone du réveil est passé, et vous êtes un peu dans le brouillard : vous avez du mal à avoir les idées claires. Vous devez faire un petit (ou un gros) effort pour sortir de vos rêves et retrouver la réalité, récupérer vos souvenirs de la veille, bref votre fonctionnement mental normal. Au plan corporel également, il faut remettre la machine en route : se lever, effectuer des gestes automatiques, se laver, se nourrir, se préparer à commencer une nouvelle journée. Tous vos actes sont des choix, conscients ou inconscients, qui décideront de la qualité de la journée à venir. Pour certains, c'est une réelle épreuve que d'avoir à reprendre pied dans la réalité, à retrouver les responsabilités ainsi que le rôle social qu'ils endossent tous les matins. Ils préfèrent le sommeil, c'est tellement plus facile ! C'est pourquoi votre attitude vis-à-vis de la vie sera souvent marquée par un détachement, une tendance à ne pas trop vous impliquer dans les affaires du monde parce que, précisément, vous ne voulez pas avoir à faire de choix. Vous évoluerez en suivant votre instinct, ou en balisant votre vie de repères rassurants qui vous laisseront assez d'espace pour pouvoir continuer, d'une certaine manière, à dormir. Mais vous subirez peut-être plus votre vie que vous n'en serez l'acteur. En revanche, tout ce qui s'apparente au fonctionnement du rêve sera facilité, en particulier la créativité et l'imagination.

Les plages horaires avec lesquelles vous avez des affinités : de 22 h à 0 h, de 2 h à 4 h, de 10 h à 12 h, de 14 h à 16 h.

VOUS ÊTES NÉ ENTRE 8 H ET 10 H : SECTEUR XI

Cette plage horaire est une des plus dynamiques de la journée. Normal, c'est l'heure où l'on est réveillé depuis peu et de nouveau en pleine possession de nos moyens. Tout est possible, l'avenir est à vous ! Vous établissez le programme de votre journée et partez à la conquête de l'Univers. Tourné vers l'extérieur, vous êtes en attente de ce qui va arriver, souhaitant probablement que des événements inhabituels surgissent, histoire de sortir un peu de votre routine. En principe, vous êtes plus détendu qu'en fin de journée et surtout plus disponible pour les autres. Si quelqu'un vous demande un service, vous serez certainement plus aimable et disposé à le lui rendre qu'à un autre moment. À moins que vous ne soyez très pressé et impatient d'arriver à votre travail, parce que vous anticipez tout ce qui vous attend et que vous craignez de ne pas avoir assez de temps devant vous... En conséquence, votre manière d'agir dans la vie sera à cette image : vous aurez toujours un projet sous le coude, ce sera même très important pour que vous vous sentiez bien dans votre peau. Vous aurez la capacité d'anticiper les situations et de réagir très rapidement aux sollicitations. Disponible pour les autres, vous serez un ami délicieux et plein d'attentions. Indépendant, capable d'un détachement par rapport au présent qui vous permet précisément d'être disponible, vous devrez cependant lutter pour vous sentir en sécurité et acquérir une stabilité.

Les plages horaires avec lesquelles vous avez des affinités : de 0 h à 2 h, de 4 h à 6 h, de 12 h à 14 h, de 16 h à 18 h.

VOUS ÊTES NÉ ENTRE 10 H ET 12 H : SECTEUR X

Ce sont souvent les heures les plus chaudes de la matinée. Le réveil et même le tout début de la matinée sont loin derrière vous, il s'agit maintenant de vous investir à fond dans vos activités habituelles. Vous êtes alors au maximum de vos capacités, les différentes difficultés qui peuvent se poser au cours de la journée n'ayant pas encore entamé votre bonne volonté et votre énergie. Votre contrôle sur l'environnement est total, vous n'avez pas pris de retard ni essuyé ces petits échecs ou rebuffades qui blessent la confiance en soi. Bref, entre 10 h et 12 h, normalement vous « assurez ». Dehors, le soleil est en train de grimper vers son zénith et, en été, les heures les plus chaudes sont encore à venir ; l'hiver, la lumière ne va pas tarder à atteindre son maximum. Vous êtes donc un être en total devenir : vous avez de l'ambition, parfois trop, et vous savez très bien le prix à payer pour la réaliser. Patient, persévérant, vous vous investissez à fond dans tout ce que vous entreprenez, accordant parfois aux choses plus de valeur qu'elles n'en ont. Mais, en allant ainsi au bout de vous-même et en valorisant la moindre de vos actions, vous êtes à l'image de l'heure qui vous a vu naître : volontaire, tenace, comptant sur le temps, la durée, pour vous réaliser pleinement. D'ailleurs, vous êtes de ceux à qui la maturité va bien, ou qui l'ont acquise très tôt. Vous devrez peut-être lutter contre un excès de sérieux et un manque de fantaisie.

Les plages horaires avec lesquelles vous avez des affinités : de 2 h à 4 h, de 6 h à 8 h, de 14 h à 16 h, de 18 h à 20 h.

VOUS ÊTES NÉ ENTRE 12 H ET 14 H : SECTEUR IX

C'est l'heure à laquelle la plupart des humains déjeunent, ou font en tout cas une pause pour couper la journée. Pour les uns, c'est le moment de la détente : vous retrouvez des amis autour d'une table, ou faites un peu de lèche-vitrines entre deux rendez-vous. Les parents vont peut-être aussi chercher les enfants à l'école, les font manger et les ramènent... Bref, vous sortez de votre environnement et élargissez votre horizon habituel. Pour d'autres, c'est en revanche le moment de conclure une affaire autour d'une bonne table, ou de s'isoler afin de réfléchir. En toute situation, finalement, vous arrêtez vos activités et sortez du travail, de chez vous, ou vous vous livrez à d'autres occupations. Votre appétit est stimulé, la matinée a été longue, et vous appréciez ce moment de satisfaction et de convivialité. Hiver ou été, le soleil est à son zénith et vous pouvez aussi simplement avoir envie de vous promener, de musarder à une terrasse, de découvrir un jardin... En conséquence, votre façon de vivre sera à cette image : vous apprécierez l'espace, la découverte de nouveaux horizons et en particulier les voyages. L'aventure, intellectuelle ou sur le terrain, vous tentera davantage que la routine quotidienne et vous aurez tendance à fuir tout ce qui peut freiner votre mobilité. Une chaude participation à l'existence vous fera apprécier la bonne chère, les fêtes entre amis, et l'évolution des affaires de la cité vous passionnera.

Les plages horaires avec lesquelles vous avez des affinités : de 4 h à 6 h, de 8 h à 10 h, de 16 h à 18 h, de 20 h à 22 h.

VOUS ÊTES NÉ ENTRE 14 H ET 16 H : SECTEUR VIII

Voilà une heure qui, à l'instar de celle du lever, est riche en possibilités, mais peut aussi être plus difficile à vivre pour certains. C'est le début de l'après-midi et deux options s'offrent à vous : vous repartez du bon pied, car vous avez pu vous vider la tête en partageant un bon repas avec des amis, en rentrant chez vous, ou encore en vous promenant. Vous avez donc rechargé vos batteries et êtes prêt à attaquer la seconde partie de la journée avec dynamisme. Mais vous pouvez également être ralenti par la digestion et... tomber de sommeil. Une sorte de léthargie s'empare alors de vous pendant une vingtaine ou une trentaine de minutes, et vous n'êtes bon à rien si vous ne faites pas une petite sieste. Au bureau, vous devez lutter pied à pied contre cette irrépressible envie de dormir et êtes obligé de la dissimuler. De la même façon, votre attitude dans la vie et avec les autres sera ambivalente : soit vous serez quelqu'un de stimulant, toujours prêt à relever les défis et attaquant les choses de front — et vous vous sentirez souvent plus fort que les autres, qui sont plus endormis que vous ! — soit vous passerez par des périodes de « sommeil », au cours desquelles vous regarderez le monde s'agiter autour de vous, sans pouvoir réagir avant d'avoir accumulé assez d'énergie pour être efficace. Souvent passif, vous disposerez toutefois d'une forte énergie intérieure et d'une résistance à toute épreuve issue de votre

volonté de garder le contrôle afin de ne pas plonger dans un sommeil symbolique.
Les plages horaires avec lesquelles vous avez des affinités : de 6 h à 8 h, de 10 h à 12 h, de 18 h à 20 h, de 22 h à 0 h.

VOUS ÊTES NÉ ENTRE 16 H ET 18 H : SECTEUR VII

Cette tranche horaire correspond à un moment charnière de la journée. Encore en pleine activité, vous êtes, en principe, très entouré par vos collègues ou collaborateurs. C'est un moment où tout le monde se serre les coudes pour terminer la journée et rentrer chez soi. Mais il est possible que la fatigue commence à se faire sentir et vous pouvez vous énerver après les autres : des petits conflits surgissent alors, qui trahissent votre lassitude. Vous n'avez plus la même tolérance qu'en début de journée. Dehors, la lumière (ou le soleil en été) commence à décliner, ce qui peut provoquer de l'anxiété, voire un moment dépressif. Vous luttez contre un sentiment inconscient de perte en recherchant chaleur et complicité auprès de ceux qui se trouvent près de vous (si vous n'êtes pas en conflit avec eux bien sûr !). Aussi votre attitude dans la vie et avec autrui sera-t-elle marquée par la peur de la solitude, le besoin d'établir des relations chaleureuses et solides avec les autres. Vous aimerez partager, aider, travailler en équipe, vous marier et évoluer dans un cadre sécurisant. Vous rechercherez la lumière du soleil, mettrez des couleurs partout, apprécierez les arts et développerez un sens esthétique. Vous détesterez toute forme de conflit et vous arrangerez toujours pour ne pas vous trouver face à des choix trop difficiles.

Les plages horaires avec lesquelles vous avez des affinités : de 0 h à 2 h, de 8 h à 10 h, de 12 h à 14 h, de 20 h à 22 h.

VOUS ÊTES NÉ ENTRE 18 H ET 20 H : SECTEUR VI

Vous avez vu le jour à une heure où tout le monde est très occupé ! Il s'agit en effet de rentrer du travail, de se débrouiller pour tenir le coup, et aussi de se redonner un peu de cœur à l'ouvrage, car la journée est loin d'être finie. Vous êtes dans un état psychologique voisin de celui du sacrifié : si vous vous écoutiez, vous ne feriez plus rien ou bien vous iriez boire un verre avec des copains afin de vous laver la tête des soucis de la journée ; mais non, vous avez des obligations et tenez à les remplir, car vous ne voulez pas être pris en flagrant délit de paresse, ni que l'on vous reproche de manquer à vos devoirs. Rentrer chez soi, s'occuper des autres, préparer le dîner ou se préparer à sortir : en, fait vous vous livrez à des activités semi-automatiques, où l'habitude tient le rôle principal. Des rituels se sont installés depuis longtemps, et vous les respectez parce que vous n'avez guère envie de vous donner encore plus de peine en changeant vos habitudes quotidiennes. Votre attitude dans la vie est à cette image : perfectionniste, vous vous investissez à fond dans votre travail, parce que vous l'aimez, mais aussi pour ne pas vous sentir coupable ou faire l'objet de critiques. Vous êtes plus assidu que les autres, par goût du travail bien fait, mais aussi parce que vous pensez que personne ne peut être aussi efficace que vous. Vous êtes souvent au service des autres, de bon conseil, et votre entourage se repose sur vous.

Les plages horaires avec lesquelles vous avez des affinités : de 22 h à 0 h, de 2 h à 4 h, de 10 h à 12 h, de 14 h à 16 h.

VOUS ÊTES NÉ ENTRE 20 H ET 22 H : SECTEUR V

Vous êtes né dans une plage horaire que tout le monde apprécie ! Dans la vie courante, c'est le moment où vous êtes généralement débarrassé de vos obligations et où vous vous laissez aller à faire tout ce dont vous avez envie. Certes, vous savez qu'il faut se lever le lendemain, vous n'oubliez pas totalement vos responsabilités, ce qui est tout à votre honneur. Mais vous avez vraiment envie de décompresser, de vous distraire en regardant la télé, en allant au cinéma, ou en partageant un bon dîner entre amis. Si vous en avez le courage, vous vous faites belle ou beau : démaquillage, remaquillage pour les femmes, rasage pour les hommes, vêtements plus habillés, et vous voilà autre, prêt à séduire le monde. Même si vous êtes fatigué, vous adoptez un comportement dynamique et endossez votre rôle social sans rechigner. Vous pouvez également rester à la maison, avec vos proches, et donner libre cours à vos sentiments ou à vos désirs sensuels… Aussi votre comportement dans la vie sera-t-il lié au besoin de paraître, de séduire, de jouer, mais aussi d'aimer et d'être aimé. Vous aurez envie de vous affirmer, envers et contre tous, et ne montrerez de vous qu'une image idéale. Vous considérerez l'existence comme une scène de théâtre, sur laquelle vous jouerez différents rôles. Ce qui ne vous empêchera pas de réussir brillamment et d'aimer avec passion. Et vous afficherez une totale confiance en vous, mais elle sera souvent un déguisement dont vous serez peut-être dupe.

Les plages horaires avec lesquelles vous avez des affinités : de 0 h à 2 h, de 4 h à 6 h, de 12 h à 14 h, de 16 h à 18 h.

VOUS ÊTES NÉ ENTRE 22 H ET 0 H : SECTEUR IV

Vous êtes né à l'heure à laquelle tout le monde va se coucher, ou dort déjà d'un profond sommeil ! À l'exception de quelques noctambules, évidemment. Pour dormir du sommeil du juste, vous avez dû vous dépouiller de tous les atours et de tous les objets qui composent votre être social : vêtements, maquillage, lentilles si vous en portez, bref vous êtes revenu à votre état le plus naturel. Vous avez régressé également au plan psychologique, et vous êtes débarrassé de toute pensée parasite qui risquerait de vous empêcher de dormir. Peut-être avez-vous eu droit à des moments de tendresse si vous êtes

en couple, voire à un vrai câlin... Mais il y a un moment très délicat avant de vous endormir, où il vous faut renoncer à la réalité, accepter de perdre le contrôle conscient et laisser la part la plus instinctive de votre être prendre les commandes. Votre attitude dans la vie sera semblable : soit vous serez structuré sur le besoin de contrôler votre environnement et sur la peur de perdre, matériellement ou affectivement (la famille et les habitudes qui y sont liées seront alors votre refuge le plus sécurisant et vous replongerez souvent dans le passé avec délices) ; soit vous évoluerez dans un monde où le rêve aura plus d'importance que la réalité et où la régression psychologique prendra un peu trop de place. Mais vous aurez beaucoup d'intuition et d'instinct ! Dans tous les cas de figure, vous serez toujours en demande de câlins.
Les plages horaires avec lesquelles vous avez des affinités :
de 2 h à 4 h, de 6 h à 8 h, de 14 h à 16 h, de 18 h à 20 h.

VOUS ÊTES NÉ ENTRE 0 H ET 2 H : SECTEUR III

Vous êtes né au cœur de la nuit, mais cela ne veut pas dire que vous soyez quelqu'un d'endormi, bien au contraire ! C'est une plage horaire pendant laquelle le sommeil se fait un peu moins profond et, bien qu'allongé dans votre lit, vous avez tendance à bouger beaucoup ; mais cela se passe dans votre tête ! En effet, l'activité cérébrale bat son plein et vous faites de nombreux rêves dont vous ne vous souvenez probablement pas à votre réveil. Dans ces rêves, votre activité physique est souvent intense et cela se traduit par des gestes parfois désordonnés et des mouvements très rapides des yeux (R.E.M.). Si vous êtes insomniaque, c'est une heure où vous pouvez vous réveiller et, si vous ne paniquez pas à l'idée de ne pas dormir, en profiter pour lire ou regarder la télévision. Et si vous êtes noctambule, vous aurez alors une grande envie de communiquer, de vous sentir semblable aux autres et de continuer la fête jusqu'à l'aube afin de ne pas voir la nuit passer. Dans la journée, vos comportements seront assez semblables : ayant besoin de bouger, vous serez quelqu'un de mobile, de curieux, d'ouvert au monde. Vous tirerez rapidement parti de vos expériences et saurez les communiquer à autrui ; d'ailleurs, plus que tout autre, vous aurez besoin d'échanges. Votre mental sera en position de toute-puissance et contrôlera le monde de l'instinct. Rationnel, vous serez également quelqu'un d'inquiet, toujours en alerte et ayant des difficultés à vous détendre réellement.

Les plages horaires avec lesquelles vous avez des affinités : de 4 h à 6 h, de 8 h à 10 h, de 16 h à 18 h, de 20 h à 22 h.

VOUS ÊTES NÉ ENTRE 2 H ET 4 H : SECTEUR II

Contrairement à la plage horaire précédente, au cours de laquelle l'activité cérébrale était à son maximum, voici une période de la nuit où vous retrouvez un sommeil profond et très récupérateur. Votre narcissisme est alors intense, vous êtes centré sur vous-même, totalement coupé du monde extérieur et même de celui ou celle qui dort à vos côtés. Vos besoins, et en particulier celui de recharger vos batteries, sont au premier plan. L'instinct est aux commandes, celui qui sait que la qualité de votre vie diurne dépend de ce sommeil réparateur, qui vous permet d'assimiler les informations et les expériences vécues précédemment. Si vous vous réveillez pendant cette période, vous êtes engourdi, ralenti, et agissez en automate. Vous aurez peut-être faim — le dîner est déjà loin — et le fait de vous restaurer légèrement vous apaisera et favorisera probablement un nouvel endormissement. Vos comportements dans la vie seront à cette image, c'est-à-dire que vous privilégierez vos besoins instinctifs, matériels ou sensuels... Bon vivant, vous serez gourmand de tout et l'argent sera souvent au centre de vos préoccupations, car vous aimez le confort. Votre évolution personnelle se fera lentement, mais sûrement, et vous aurez besoin de temps pour intégrer les changements imposés par la vie. Votre attachement aux objets et aux gens sera profond, et vous serez d'une nature fidèle, possessive et souvent jalouse.

Les plages horaires avec lesquelles vous avez des affinités : de 6 h à 8 h, de 10 h à 12 h, de 18 h à 20 h, de 22 h à 0 h.

VOUS ÊTES NÉ ENTRE 4 H ET 6 H : SECTEUR I

Votre ascendant, ou secteur I, occupe donc votre signe de naissance. Cette plage horaire correspond à votre état mental et physique dans les moments qui précèdent le réveil. Vous êtes alors, en principe, bien reposé et le sommeil autant le travail du rêve vous ont permis de liquider les tensions de la veille, tout en mémorisant les informations reçues. L'hormone du réveil commence à circuler dans votre corps et lui envoie des messages stimulants. Dépouillé des artifices que vous utilisez dans la journée pour paraître, plaire, être efficace, vous n'avez rien à prouver à personne : vous êtes naturel, peut-être plus vous-même qu'à aucun autre moment de la journée. Votre attitude vis-à-vis des autres et de la vie sera toujours à cette image : sincère et authentique. Doté d'une forte énergie intérieure, vous aurez certes un peu la bougeotte, mais vous serez un puissant stimulant pour les autres et à l'origine de bien des projets. Vous aurez d'ailleurs besoin d'être à l'origine des choses, de participer au début des événements et de diriger votre vie comme vous l'entendez. On vous reprochera peut-être votre autorité ou un certain égoïsme, ainsi qu'une tendance à l'impatience. Vos qualités tout comme vos défauts seront marqués par votre spontanéité. Bien entendu, plus qu'un autre, vous serez fortement imprégné des valeurs de votre signe de naissance.

Les plages horaires avec lesquelles vous avez des affinités :* *de 0 h à 2 h, de 8 h à 10 h, de 12 h à 14 h, de 20 h à 22 h.

Le Capricorne
et ses ascendants

L'ascendant, ou maison I, est calculé d'après votre heure de naissance et représente le point qui se lève à l'horizon au moment où vous voyez le jour. C'est-à-dire que si vous naissez à l'heure où le Soleil se lève, votre signe et votre ascendant sont les mêmes. Ensuite, celui-ci se décale d'un signe toutes les deux heures sur la roue du zodiaque, dans le sens inverse des aiguilles d'une montre.
Au contraire du Soleil qui vous renseigne sur la tonalité de votre personnalité, sur l'image idéale que vous voulez montrer de vous-même, l'ascendant représente vos comportements relationnels, la façon dont votre moi s'est construit et dont vous utilisez votre potentiel. ■

COMMENT CALCULER VOTRE ASCENDANT

A. Repérez dans le tableau 1 l'heure sidérale qui correspond à votre jour et à votre mois de naissance.

B. Additionnez l'heure sidérale trouvée à votre heure de naissance rectifiée :
– si vous êtes né après 1916 et avant 1940, retirez 1 heure ;
– entre 1940 et le 16 septembre 1945, retirez 2 heures ;
– né après le 16 septembre 1945, retirez toujours 1 heure ;
– après 1976, n'oubliez pas de retirer 2 heures si vous êtes né en période d'heure d'été.

C. Quand vous avez obtenu votre total d'heures, reportez-vous au tableau 2. Si le total en question dépasse 24 heures, retirez 24 heures pour obtenir l'heure réelle.

D. Exemple : né le 1er mars 1974 à 17 heures.
17 heures = heure de naissance.
10 h 32 = heure sidérale.
Total des deux = 27 h 32.
Retrancher 1 heure = 26 h 32.
Retrancher 24 heures : 2 h 32 = ascendant Lion.

Tableau pour la recherche de l'[illegible] sidérale (1)

Jour	Janvier	Février	Mars	Avril	Mai	Juin	Juillet	Août	Septembre	Octobre	Novembre	Décembre
1	6 h 36	8 h 37	10 h 32	12 h 35	14 h 32	16 h 35	18 h 34	20 h 36	22 h 38	0 h 36	2 H 38	4 h 37
2	6 h 39	8 h 41	10 h 36	12 h 39	14 h 36	16 h 42	18 h 37	20 h 40	22 h 42	0 h 40	2 H 42	4 h 41
3	6 h 43	8 h 45	10 h 39	12 h 43	14 h 40	16 h 46	18 h 41	20 h 44	22 h 46	0 h 44	2 H 46	4 h 45
4	6 h 47	8 h 49	10 h 43	12 h 47	14 h 44	16 h 50	18 h 15	20 h 49	22 h 51	0 h 48	2 H 50	4 h 50
5	**6 h 51**	**8 h 53**	**10 h 47**	**12 h 51**	**14 h 48**	**16 h 54**	**18 h 48**	**20 h 54**	**22 h 54**	**0 h 54**	**2 h 54**	**4 h 53**
6	6 h 55	8 h 57	10 H 51	12 h 54	14 h 52	16 h 58	18 h 53	20 h 56	22 h 58	0 h 56	2 h 58	4 h 56
7	7 h 00	9 h 01	10 H 55	12 h 57	14 h 56	17 h 02	18 h 57	20 h 59	23 h 02	1 h 00	3 h 02	5 h 00
8	7 h 03	9 h 05	11 H 00	13 h 01	15 h 00	17 h 06	19 h 01	21 h 03	23 h 06	1 h 05	3 h 08	5 h 04
9	7 h 07	9 h 09	11 H 04	13 h 06	15 h 04	17 h 10	19 h 04	21 h 07	23 h 10	1 h 09	3 h 12	5 h 09
10	**7 h 14**	**9 h 19**	**11 h 14**	**13 h 14**	**15 h 09**	**17 h 15**	**19 h 11**	**21 h 12**	**23 h 14**	**1 h 14**	**3 h 15**	**5 h 13**
11	7 h 16	9 h 22	11 h 17	13 h 17	15 h 17	17 h 23	19 h 12	21 h 15	23 h 17	1 h 18	3 h 18	5 h 14
12	7 h 20	9 h 23	11 h 18	13 h 20	15 h 20	17 h 26	19 h 14	21 h 16	23 h 18	1 h 21	3 h 21	5 h 17
13	7 h 22	9 h 25	11 h 20	13 h 21	15 h 23	17 h 29	19 h 18	21 h 19	23 h 22	1 h 22	3 h 23	5 h 20
14	7 h 25	9 h 28	11 h 23	13 h 24	15 h 24	17 h 30	19 h 22	21 h 22	23 h 25	1 h 25	3 h 27	5 h 23
15	**7 h 28**	**9 h 33**	**11 h 26**	**13 h 27**	**15 h 27**	**17 h 33**	**19 h 27**	**21 h 26**	**23 h 29**	**1 h 29**	**3 h 31**	**5 h 27**
16	7 h 34	9 h h41	11 h 32	13 H 32	15 h 30	17 h 36	19 h 30	21 h 32	23 h 34	1 H 32	3 H 35	5 h 33
17	7 h 37	9 h 43	11 h 35	13 H 36	15 h 35	17 h 41	19 h 33	21 h 36	23 h 38	1 H 36	3 H 40	5 h 37
18	7 h 42	9 h 46	11 h 41	13 H 42	15 h 38	17 h 44	19 h 38	21 h 41	23 h 42	1 H 40	3 H 43	5 h 40
19	7 h 46	9 h 50	11 h 44	13 H 46	15 h 44	17 h 50	19 h 42	21 h 44	23 h 46	1 H 44	3 H 47	5 h 45
20	**7 h 51**	**9 h 53**	**11 h 47**	**13 h 49**	**15 h 48**	**17 h 54**	**19 h 46**	**21 h 48**	**23 h 50**	**1 h 48**	**3 h 50**	**5 h 49**
21	7 h 54	9 h 57	11 h 53	13 H 51	15 h 51	17 h 57	19 H 52	21 h 55	23 h 57	1 h 55	3 h 57	5 h 56
22	7 h 59	9 h 59	12 h 00	13 H 57	15 h 53	17 h 59	19 H 57	22 h 00	23 h 59	2 h 00	4 h 02	6 h 00
23	8 h 03	10 h 03	12 h 04	14 H 01	15 h 59	18 h 05	20 H 01	22 h 03	0 h 05	2 h 03	4 h 05	6 h 04
24	8 h 07	10 h 08	12 h 07	14 H 06	16 h 03	18 h 09	20 H 06	22 h 07	0 h 09	2 h 06	4 h 09	6 h 08
25	**8 h 11**	**10 h 13**	**12 h 08**	**14 h 10**	**16 h 08**	**18 h 14**	**20 h 09**	**22 h 11**	**0 h 13**	**2 h 11**	**4 h 13**	**6 h 12**
26	8 h 15	10 h 17	12 h 10	14 h 14	16 h 12	18 h 18	20 h 14	22 h 15	0 h 17	2 h 16	4 h 18	6 h 17
27	8 h 19	10 h 21	12 h 14	14 h 18	16 h 16	18 h 22	20 h 17	22 h 19	0 h 22	2 h 19	4 h 21	6 h 20
28	8 h 23	10 h 25	12 h 20	14 h 22	16 h 20	18 h 26	20 h 22	22 h 23	0 h 26	2 h 23	4 h 25	6 h 23
29	8 h 26	10 h 29	12 h 23	14 h 26	16 h 24	18 h 30	20 h 25	22 h 26	0 h 29	2 h 27	4 h 29	6 h 27
30	**8 h 30**		**12 h 26**	**14 h 29**	**16 h 28**	**18 h 33**	**20 h 29**	**22 h 30**	**0 h 34**	**2 h 32**	**4 h 33**	**6 h 31**
31	8 h 34		12 h 30		16 h 31		20 h 33	22 h 35		2 H 36		6 h 35

Tableau pour la recherche de l'ascendant par tranche horaire (2)

Ascendant Lion :	**de 0 h 34 à 3 h 16**
Ascendant Vierge :	**de 3 h 17 à 6 h 00**
Ascendant Balance :	**de 6 h 01 à 8 h 43**
Ascendant Scorpion :	**de 8 h 44 à 11 h 25**
Ascendant Sagittaire :	**de 11 h 26 à 13 h 53**
Ascendant Capricorne :	**de 13 h 54 à 15 h 42**
Ascendant Verseau :	**de 15 h 43 à 17 h 00**
Ascendant Poissons :	**de 17 h 01 à 17 h 58**
Ascendant Bélier :	**de 17 h 59 à 18 h 58**
Ascendant Taureau :	**de 18 h 59 à 20 h 17**
Ascendant Gémeaux :	**de 20 h 18 à 22 h 08**
Ascendant Cancer :	**de 22 h 09 à 0 h 33**

♈ ASCENDANT BÉLIER

Vous avez une personnalité très énergique qui vous pousse à agir avec beaucoup d'instinct et d'intuition, alors que votre Soleil Capricorne vous invite à réfléchir davantage et freine vos élans. Toutefois, vous écoutez souvent la voix de la raison, ce qui n'est pas un mal quand on connaît l'impulsivité du Bélier ! Vous mettez votre volonté et votre détermination au service de vos ambitions, qui sont toujours importantes et servies par une formidable puissance de travail : rien ne vous rebute et vous êtes prêt à tous les sacrifices pour atteindre vos buts. Vous ne manquez certainement pas de générosité ni de gentillesse, mais vous avez des choses à prouver, et si l'on vous fait obstacle, vous foncez ! Par ailleurs, la susceptibilité est à son maximum dans une telle configuration, et vous réagissez avec agressivité lorsqu'on vous chatouille un peu trop !

Plus que les autres Capricorne, vous parvenez à extérioriser vos émotions et appréciez qu'on y porte attention, quitte à houspiller un peu vos proches ! Le besoin de conquérir se mêle à des comportements d'attente (liés à votre orgueil) qui vous permettent de réfléchir et de poser vos actions. Le besoin d'agir parfois irrépressible du Bélier est donc bien tempéré par le Capricorne, et le mélange de ces deux signes peut être d'une redoutable efficacité. De plus, vous ne lâchez pas prise facilement et quand vous avez décidé quelque chose, seules des démonstrations irréfutables peuvent vous faire changer d'avis. Et encore.

Vos atouts : mis au pied du mur, vous vous adaptez aux situations les plus difficiles et vous êtes un organisateur de talent. Vous êtes plus optimiste que le Capricorne classique et savez motiver vos partenaires, leur insuffler votre énergie. Vous avez l'esprit de clan et défendez les vôtres bec et ongles si on les attaque.

Vos difficultés : quand vous êtes faché, vos colères n'explosent pas franchement, mais vos paroles se font parfois très cassantes. De plus, vous pouvez être extrêmement rancunier, pendant des années !

Vos fragilités : la tête (vous avez souvent des migraines), le surmenage (vous voulez trop en faire) et les problèmes de vue. Vos dents peuvent également vous causer quelques soucis

Mars est votre maître d'ascendant, étudiez ses mouvements avec attention.

AVEC QUI VOUS ENTENDEZ-VOUS ?

Selon votre signe et votre ascendant-descendant.

Le descendant est le secteur opposé à l'ascendant et représente le monde des autres, les rencontres, les unions et associations...

Vous avez un caractère entier et exigeant, qui vous pousse à chercher un idéal parfois inaccessible. De plus, vous établissez facilement des rapports de force avec vos partenaires, alors que vous avez au fond de vous besoin de douceur et de tendresse. Mais vous êtes souvent trop orgueilleux pour le reconnaître et pour demander quoi que ce soit à ceux qui vous entourent. Votre descendant se trouvant en Balance, signe opposé et complémentaire du Bélier, vos partenaires doivent être aimants, attentionnés et partager toutes vos passions, même les plus extrêmes. Ils doivent aussi posséder une force de caractère non exprimée de manière que vous puissiez les respecter. Ils seront donc Balance, ascendant Balance, auront la Lune ou Vénus dans ce signe d'équilibre avec lequel vous pourrez construire du solide et qui saura révéler vos aspects les plus affectifs. Mais vous vous entendrez bien également avec les dynamiques Sagittaire ou ascendant Sagittaire, mais ce n'est pas avec eux que vous exprimerez le mieux votre tendresse. Avec les Lion ou ascendant Lion, il y aura du respect et de l'admiration, et les Gémeaux ou ascendant Gémeaux vous amuseront. Les Verseau ou ascendant Verseau pourraient être un vrai défi pour vous !

♉ ASCENDANT TAUREAU

Séduisant, charmeur, sensuel, les qualificatifs sont nombreux pour décrire le Taureau, qui a un goût particulier pour la vie et les bonnes choses. Heureusement, car votre nature Capricorne va quand même dans le sens contraire ! On peut donc dès à présent dire que ce mélange de signes est très positif pour votre équilibre personnel et relationnel ! Votre motivation de base (Taureau) est de posséder, garder, conserver. Ce qui ne contredit pas le conservatisme du Capricorne. Sécurité et sérénité sont vos mots clés : vous ne vous épanouissez que dans la certitude que rien ne va vous manquer, et que ce que vous avez construit, que ce soit au plan professionnel ou affectif, ne sera jamais détruit en aucune manière. Vos habitudes et votre petit confort personnel ont de l'importance dans votre vie quotidienne, dans la mesure où ils sont synonymes de cette sécurité qui a tant d'importance à vos yeux.

Il arrive au Taureau d'être gourmand, dans tous les sens du terme, et de prendre inéluctablement des kilos indésirables. Mais vous avez cependant des armes efficaces en tant que Capricorne : la diète, par exemple, ne vous fait pas peur, et sans en arriver là, vous êtes capable de discipline pour contrôler votre alimentation. Toutefois, si le Taureau domine, le Saturne du Capricorne peut devenir très avide et accentuer votre gourmandise ! Attention tout de même à ne pas jouer au yoyo avec votre poids. Par ailleurs, vous aimez votre confort et l'argent qui vous permet de l'obtenir. N'en ayez surtout pas honte, et bravo pour votre sens de l'économie qui vous permet, rapidement dans votre existence, de devenir propriétaire de votre maison ou de votre appartement.

Vos atouts : la créativité du Taureau, son sens du beau et du bon sont mis en forme et concrétisés par la rigueur du Capricorne.

Vous avez également des trésors de patience et d'attention vis-à-vis de ceux que vous aimez.

Vos difficultés : un rythme lent, calqué sur celui de la digestion, un entêtement et une obstination qui peuvent agacer, et une totale mauvaise foi. Par ailleurs, chez vous, la rancune est tenace et peut vous empoisonner la vie (la jalousie également) !

Vos fragilités : la gorge, les organes sexuels, la glande thyroïde.

Vénus est votre maître d'ascendant, étudiez ses mouvements avec attention.

AVEC QUI VOUS ENTENDEZ-VOUS ?

Selon votre signe et votre ascendant-descendant.

Le descendant est le secteur opposé à l'ascendant et représente le monde des autres, les rencontres, les unions et associations...

Calme et tranquille, vous avancez à votre rythme et n'appréciez pas que votre conjoint vous secoue ou vous impose sa manière de vivre. Vos proches doivent tenir compte de votre besoin de confort et de sécurité et veiller à ne pas stimuler votre jalousie. Votre descendant étant en Scorpion, signe opposé et complémentaire du Taureau, vos partenaires doivent être passionnés, exclusifs, et n'avoir que vous en tête. La fidélité et la communauté d'intérêts matériels seront souvent à la base de votre relation et seront même un lien très solide. Les personnes qui sont Scorpion, ascendant Scorpion, ou qui ont la Lune ou Vénus dans ce signe vous attireront particulièrement, parce qu'elles auront la même sensualité et les mêmes exigences que vous. Mais vous vous entendrez également avec ceux ou celles qui sont comme vous Capricorne ou ascendant Capricorne. Les Cancer ou ascendant Cancer seront aussi parmi vos favoris car ils sauront vous attendrir et vous donneront envie de les protéger. La sensibilité, l'émotivité des Poissons ou ascendant Poissons vous touchera de plein fouet et vous obligera à vous ouvrir, à vous laisser davantage aller. Enfin, vous construirez du solide avec les Vierge ou ascendant Vierge.

♊ ASCENDANT GÉMEAUX

Le Gémeaux est rapide, mobile, toujours en mouvement et les sens en éveil. Il s'adapte à toutes les situations, adore la diversité et se montre parfois velléitaire. Ce qui n'est pas le cas du Capricorne, qui, on le sait, cherche avant tout à s'établir dans la sécurité et à aller au bout de ses entreprises. Quitte à prendre racine ! La curiosité propre au Gémeaux est cependant un atout dans votre quotidien, car elle vous pousse à vous intéresser de très près à la vie de vos proches et à essayer de mieux les comprendre. Il y a également beaucoup d'humour et une certaine fantaisie dans cette signature astrale... Vous avez généralement une véritable soif d'informations que beaucoup d'entre vous utilisent dans leur vie professionnelle : le journalisme, par exemple, sera un domaine qui vous attirera, de même que la publicité ou tout ce qui touche au domaine littéraire. Mais jamais, comme le pur Gémeaux, vous ne ferez qu'effleurer les choses.

Dans vos relations avec autrui, votre distance vous permet d'exercer votre sens critique et votre humour. Celui-ci est votre meilleur allié dans toute situation difficile car le Capricorne, vous le savez, a tendance à prendre tout très au sérieux ! Cet humour, fondé sur un sens de l'observation aigu, sur la dérision et un don d'imitation, vous l'exercez autant à votre encontre que vis-à-vis des autres.

Par ailleurs, votre ascendant est joueur et vous incite à ne jamais montrer la même facette de votre personnalité. Vous arrivez très bien à dissimuler qui vous êtes vraiment, ce qui convient au Capricorne, qui n'aime pas se dévoiler. Mais on peut dire que votre moi manque d'unité et que, parfois, vous avez plus tendance à « imiter » les autres qu'à vous poser en personne sûre de votre identité et de vos choix.

Vos atouts : vous comprenez rapidement et apprenez très vite. Vous êtes doué pour pas mal de choses et êtes capable d'exercer plusieurs activités en même temps, tout en leur consacrant la même énergie.

Vos difficultés : vous pensez trop ! Tout se passe comme s'il était plus important pour vous de réfléchir que d'agir ! Vous avez également tendance à exagérer vos inquiétudes ; vos impressions et vos réactions sont souvent de type adolescent. Même quand vous avez pris de l'âge, ce qui peut surprendre !

Vos fragilités : le système respiratoire, les bronches, les poumons, ainsi que les mains.

Mercure est votre maître d'ascendant, étudiez ses mouvements avec attention.

Avec qui vous entendez-vous ?

Selon votre signe et votre ascendant-descendant.

Le descendant est le secteur opposé à l'ascendant et représente le monde des autres, les rencontres, les unions et associations...

Vous semblez être à l'aise avec les autres, mais ce sont souvent des apparences qui peuvent cacher un manque de confiance en vous et en votre séduction. Toutefois, vous n'avez pas besoin de faire de gros efforts pour plaire, vous dégagez une sorte de magnétisme qui agit à votre place. Votre descendant est en Sagittaire, signe opposé et complémentaire du Gémeaux, vous avez donc besoin de partenaires qui ont de l'importance aux yeux des autres, qui vous permettent de changer fréquemment d'univers et d'avoir une vie sociale animée. Ils doivent vous faire « voyager », autant dans la réalité que dans votre tête, et respecter certains principes. Les Sagittaire, les ascendant Sagittaire ou toute personne ayant la Lune ou Vénus dans ce signe seront donc votre premier choix, ils correspondent à ce portrait-robot. Mais vous vous entendrez également très bien avec les Bélier ou ascendant Bélier, même si vous les trouvez trop rapides et entreprenants... De plus, s'il y a de la passion entre vous, les rapports de force sont fréquents. Les Lion ou ascendant Lion susciteront votre admiration et vous saurez vous adapter à leur nature sentimentale ; les Balance ou ascendant Balance, ainsi que les Verseau ou ascendant Verseau, signes d'air comme le Gémeaux, sauront aussi vous plaire et vous entretiendrez des relations complices.

♋ ASCENDANT CANCER

Le Cancer donne une apparence de fragilité et d'immaturité qui touche les autres et suscite l'envie de le prendre en charge, de se comporter en parent protecteur. Mais avec le Capricorne, l'inverse est également possible : vous-même êtes souvent très protecteur et vous sentez responsable de toute votre famille ! Votre « clan » est en effet l'axe principal autour duquel vous vous développez et vous avez du mal à « couper le cordon ». En toute circonstance, même dans votre vie professionnelle, vous avez besoin de (re)créer une famille autour de vous, de manière à retrouver l'ambiance dans laquelle vous avez toujours évolué et qui vous sécurise. Même si elle n'est pas épanouissante ! Sujet à des hauts et des bas de l'humeur, vous êtes insatisfait, inquiet pour votre sécurité et avez sans cesse besoin de faire quelque chose pour vous rassurer. L'homme ou la femme de votre vie peut jouer ce rôle et vous offrir le refuge que vous recherchez. Les études ou tout investissement intellectuel peuvent aussi être investis à ce titre. Dans tous les cas, vous devez veiller à ne pas trop envahir l'objet de votre flamme, ou le (la) rendre seul(e) responsable de votre bien-être et de votre bonheur. C'est une lourde charge pour certains, aussi ne vous étonnez pas si vos relations amoureuses manquent de stabilité. En tout cas dans la première partie de votre vie ; quand vous devenez autonome, vos relations se font plus solides...

Vos atouts : vous êtes accrocheur, volontaire et capable de réussir vos entreprises, même les plus difficiles. Vous donnez volontiers l'impression que vous vous intéressez à l'autre, que vous savez l'écouter, et vous êtes très gentil quand vous le voulez bien ; vous avez de l'intuition et la sensibilité du Cancer est canalisée par votre nature Capricorne, qui est, dans cette combinaison, plus émotive que de coutume.

Vos difficultés : en dehors de vos sautes d'humeur pas toujours faciles à vivre et d'un aspect renfermé, vous êtes souvent trop susceptible.

Vos fragilités : principalement le système digestif et toute maladie psychosomatique liée à un excès d'émotivité.

La Lune est votre maître d'ascendant, étudiez-la avec attention.

AVEC QUI VOUS ENTENDEZ-VOUS ?

Selon votre signe et votre ascendant-descendant.

Le descendant est le secteur opposé à l'ascendant et représente le monde des autres, les rencontres, les unions et associations...

Vous avez le descendant dans votre propre signe, opposé et complémentaire du Capricorne, ce qui indique que vous avez besoin de relations solides, établies sur des valeurs et des intérêts communs. Vous vous intéresserez généralement à des personnes plus mûres que vous, ou ayant une expérience particulière à partager. Et la fidélité, la constance seront des critères de choix importants. Les membres de votre signe, ceux qui ont l'ascendant Capricorne, la Lune ou Vénus dans ce signe seront donc parmi vos favoris ; vous serez en terrain familier et ne serez pas confronté à ce qui vous fait peur : l'inconnu. Mais vous vous entendrez également très bien avec les Taureau ou ascendant Taureau, aussi fidèles et solides que vous. De plus, leur sensualité vous fera frémir. Avec les Vierge ou ascendant Vierge, vous construirez aussi une bonne relation, mais elle manquera peut-être de fantaisie ! Avec les Scorpion ou ascendant Scorpion, il pourrait y avoir de la passion, ainsi qu'avec les Poissons ou ascendant Poissons : vous formerez un bon couple car leur sensibilité fera fondre votre carapace.

♌ ASCENDANT LION

Le Lion a du goût, de l'allure et aime tout ce qui est beau. Les apparences le séduisent au premier abord, mais la profondeur et la lucidité du Capricorne l'invitent à aller plus loin. Honnêteté, loyauté et amour-propre dominent votre caractère ; vous avez envie de réussir, d'être le premier, d'impressionner les autres. Seul le succès vous donnera la sensation de compter pour ceux qui vous entourent : on ne vous a probablement pas assez regardé ou valorisé dans votre enfance. Vous êtes également inflexible et doté d'une formidable persévérance. Perfectionniste, vous savez prendre des risques tout en ne vous mettant pas vraiment en danger, peur de l'échec oblige. Vous êtes plus sentimental que le Capricorne classique, mais vous êtes aussi facilement déçu par le comportement des autres, que ce soit en amour ou en amitié.

Le besoin de créer a de l'importance dans votre existence, et vous y parvenez à travers une activité artistique (liée à l'image) ou en faisant des enfants et en vous consacrant à leur éducation ! On vous reproche parfois de ne penser qu'à votre travail, qu'à vos résultats et à vos intérêts matériels, mais c'est un discours que vous ne comprenez pas vraiment dans la mesure où vous êtes persuadé que tout le monde est comme vous ! Vous atteignez souvent le sommet de la hiérarchie, ou vous vous réalisez sous les feux de la rampe. Mais cela ne vous empêche pas de rester à distance du bruit et de la fureur !

Vos atouts : vous respectez les valeurs transmises par votre éducation, parfois un peu trop d'ailleurs ! Vous avez également des modèles qui vous servent de référence et dont l'image vous « porte » : c'est souvent votre père ou un grand-père.

Vos difficultés : on peut vous reprocher d'être sensible aux compliments et aux flatteries. Par ailleurs, votre envie d'imposer votre manière de faire en toute circonstance peut agacer vos proches.

Vos fragilités : le cœur, le dos, la vue.

Le Soleil est votre maître d'ascendant, sa position et ses aspects sont à étudier avec attention.

AVEC QUI VOUS ENTENDEZ-VOUS ?

Selon votre signe et votre ascendant-descendant.

Le descendant est le secteur opposé à l'ascendant et représente le monde des autres, les rencontres, les unions et associations...

Quand vous aimez, vous mettez l'objet de votre flamme sur un piédestal, mais gare à lui (elle) s'il vous déçoit : vous êtes alors capable de la plus grande froideur et avez du mal à lui pardonner d'être banalement humain ! Votre descendant étant en Verseau, opposé et complémentaire du Lion, vous avez besoin de partenaires qui acceptent votre orgueil, votre autorité et... votre ego ! Ils doivent être fantaisistes, originaux et surtout vous valoriser. Ils doivent aussi faire preuve d'indépendance et ne pas vous étouffer. Les Verseau, les ascendant Verseau et toute personne ayant la Lune ou Vénus dans ce signe auront donc la priorité tant ils possèdent une liberté de comportement et d'idées que vous n'avez pas ! De plus, ils savent vous épater ! Les Gémeaux ou ascendant Gémeaux vaudront que vous vous intéressiez à eux de plus près, leur fantaisie et leur facilité à gérer les problèmes étant souvent quelque chose qui vous manque. Avec les Balance ou ascendant Balance, vous serez à l'aise et la communication passera facilement, mais ils seront peut-être trop dépendants à vos yeux. Les Sagittaire ou ascendant Sagittaire pourront aussi faire partie de vos choix.

♍ ASCENDANT VIERGE

Votre potentiel intellectuel, votre sens de l'analyse et de la synthèse sont vos principaux atouts et votre mental peut même envahir tous les compartiments de votre vie. Votre personnalité est donc structurée autour de votre pensée, laquelle est tout aussi importante que les manifestations en provenance de votre corps. Il arrive d'ailleurs que vous soyez un peu hypocondriaque et que votre santé soit au centre de vos pensées, simplement parce que vous passez votre temps à écouter « parler » vos organes.

Vous êtes généralement fin stratège et très organisé : tout est rangé dans des cases et utilisé à bon escient. Manqueriez-vous de fantaisie ? Vous devez surveiller en tout cas une tendance à vous laisser bercer par les habitudes, voire par des petits rituels sécurisants... Toutefois, vous ne manquez pas d'humour ni de distance et vous révélez extrêmement critique à l'égard de ceux que vous aimez et qui ne rentrent pas dans le moule que vous leur avez attribué !

Vous avez du mal à vous investir dans une relation amoureuse ou même dans une entreprise quelconque, tant vous craignez de ne pas être à la hauteur de ce qu'on attend de vous. Le travail est également au centre de votre vie, ainsi que la notion de soin : même si vous n'exercez pas une profession de nature médicale, vous avez tendance à vous comporter en « médecin » avec les autres. Vous êtes rarement content de vous, ou de votre vie, mais cela vous pousse à aller toujours plus loin et à vous dépasser.

Vos atouts : fidélité, honnêteté scrupuleuse et goût du travail bien fait font de vous une personne fiable. Vous êtes raisonnable et sérieux dans tout ce que vous faites, pesez le pour et le contre de vos actes, leur ôtant ainsi de leur spontanéité. Mais vous n'avez pas votre pareil pour donner de bons conseils, apprendre et diffuser un savoir.

Vos difficultés : vous êtes timide, voire inhibé et toujours inquiet. Un soucieux qui ne se détend que très rarement. Et ces tendances poussées à l'extrême peuvent aller jusqu'à la phobie ou à l'obsession !

Vos fragilités : les intestins principalement, ainsi que toute maladie d'origine nerveuse.

Mercure est votre maître d'ascendant, étudiez ses mouvements avec attention.

AVEC QUI VOUS ENTENDEZ-VOUS ?

Selon votre signe et votre ascendant-descendant.

Le descendant est le secteur opposé à l'ascendant et représente le monde des autres, les rencontres, les unions et associations...

Vous avez le descendant en Poissons, signe opposé et complémentaire de la Vierge, ce qui signifie que vos relations affectives sont de nature fusionnelle. L'autre doit vous donner le maximum et le couple doit fonctionner comme une unité. En fait, vous avez besoin d'un miroir, de quelqu'un qui vous renvoie une bonne image de vous parce que, au fond, vous manquez d'assurance. Qui peut mieux qu'un Poissons ou ascendant Poissons répondre à vos besoins ? Il suffira même que le ou la partenaire ait une planète affective, la Lune, Vénus ou Mars, dans ce signe pour que vous soyez attiré ! De plus, le très émotif Poissons vous permettra de vous ouvrir à votre monde sensible. Même chose avec un Scorpion ou ascendant Scorpion, souvent écorché vif, mais qui aura une forte emprise sur vous. Les Cancer ou ascendant Cancer sauront vous émouvoir et leur besoin de protection correspondra bien au rôle que vous aimez jouer. Les Taureau ou ascendant Taureau vous attireront sensuellement, tout en ayant les qualités de fidélité et de sincérité que vous recherchez. Vous pouvez aussi être séduit par votre propre signe ou les ascendant Capricorne, vous avez évidemment beaucoup de points communs.

♎ ASCENDANT BALANCE

Vous êtes sensible aux ambiances et à l'harmonie entre les êtres. Parfois le monde extérieur vous effraie, mais vous avez tellement besoin d'amour que vous combattez votre timidité naturelle pour vous efforcer d'aller vers les autres. Vous êtes d'ailleurs capable d'une audace surprenante quand vous vous sentez soutenu et approuvé. Vous êtes certainement victime d'une contradiction, dans la mesure où la Balance est très effrayée par la solitude, alors que le Capricorne la recherche. La peur de l'échec peut cependant vous empêcher de vous lancer spontanément dans des relations amoureuses ou vous rendre très prudent, voire méfiant ! Toutefois, vous êtes bien obligé de reconnaître que vous n'atteindrez votre équilibre que lorsque vous aurez trouvé l'âme sœur ou en tout cas quelqu'un pour partager vos états d'âme. Même dans votre travail, il vous est nécessaire de faire équipe avec une ou plusieurs personnes, voire de vous associer, car vous ne voyez pas l'intérêt de réussir tout seul : vous avez besoin qu'on vous motive ou de motiver les autres. Si vous trouvez une place au sein d'une entreprise à caractère familial, vous vous épanouissez et votre carrière décolle.

Avec vos proches, vous n'aimez pas vraiment les rapports de force et déployez de bonne heure des qualités de diplomate ou d'intermédiaire. Votre sens de la justice est également très développé, et il vous arrive de vous passionner pour la défense de la veuve et de l'orphelin. Par ailleurs, vous êtes attiré par les arts : musique, danse, peinture font partie de vos loisirs et participent à votre équilibre.

Vos atouts : vous savez faire taire votre agressivité pour entretenir de bonnes relations avec tout le monde. Vous êtes de bon conseil et vous investissez à fond dans votre travail, ou dans les buts que vous poursuivez. Et quand vous réussissez, vous savez être reconnaissant à ceux qui vous ont apporté leur soutien.

Vos difficultés : vous êtes hésitant et même parfois fuyant

quand quelqu'un vous montre ses sentiments ! Vous avez du mal à faire un choix et à prendre une décision tranchée.
Vos fragilités : les reins surtout, et la vésicule biliaire.
Vénus et Saturne sont vos maîtres d'ascendant, étudiez-les avec attention.

AVEC QUI VOUS ENTENDEZ-VOUS ?
Selon votre signe et votre ascendant-descendant.
Le descendant est le secteur opposé à l'ascendant et représente le monde des autres, les rencontres, les unions et associations...
Votre descendant occupe le dynamique signe du Bélier : opposé et complémentaire de la Balance, il possède ce qui vous manque. Vos relations sont marquées par le besoin d'être stimulé par le (la) partenaire et de vous sentir accepté tel que vous êtes, que vous soyez entreprenant ou non ! Vous vous tournerez vers un Bélier, un ascendant en Bélier, ou quelqu'un qui aura la Lune ou Vénus en Bélier. Vous lui laisserez avec bonheur l'initiative de la relation et des décisions concernant le couple. Mais vous constaterez rapidement qu'il établit des rapports de force et qu'il est jaloux ! Les Sagittaire ou ascendant Sagittaire vous plairont aussi beaucoup, leur audace et leur côté bon vivant vous attireront, mais leur mauvaise foi vous révoltera. Même chose avec les Lion ou ascendant Lion,

qui seront de bons équipiers. Mais vous leur reprocherez leur tendance à « frimer ». Les Gémeaux ou ascendant Gémeaux vous amuseront, mais vous ne vous sentirez pas en sécurité avec eux, alors que les Verseau ou ascendant Verseau seront très stimulants ; intelligents, distrayants, ils vous serviront de révélateur et provoqueront en vous des sentiments intenses...

♏ ASCENDANT SCORPION

Volontiers secret, mystérieux et très intériorisé, vous êtes profondément déterminé à concrétiser vos désirs. Votre vie intérieure est intense et votre détermination n'a d'égale que votre volonté de toujours progresser. Vous avez également de l'autorité, mais ne l'exprimez pas forcément de manière directe : vous suggérez et, d'une certaine manière, poussez l'autre dans ses retranchements. Vous aimez être une sorte d'éminence grise et influencer les idées et les opinions de ceux qui croisent votre route. Vous y parvenez grâce à votre connaissance innée de ce qu'ils ont en eux, de ce qu'ils veulent cacher, et grâce aussi à un savoir-faire que beaucoup vous envient : vous êtes malin, voire rusé, et votre sens de la stratégie est l'un de vos principaux atouts ! Toutefois, vous envisagez toujours le pire et cette forme de pessimisme ne vous sert pas. Il vous arrive, quand vous aimez, de perdre tous vos moyens, de vous trouver désarmé face à l'objet de votre flamme... Alors qu'en amitié, vous déployez des trésors de délicatesse et distillez des conseils judicieux... L'amour vous pose problème, vous conduit à vous autoanalyser, et à être assez dur avec vous-même ou avec l'autre. Cet excès de lucidité produit alors du désenchantement car beaucoup de comportements humains vous semblent malhonnêtes et faux. Votre recherche de naturel, de pureté et d'authenticité, votre refus des faux-semblants se heurtent à une réalité dont vous ne vous accommodez pas facilement. Aussi aimez-vous, le plus souvent, vous évader dans votre travail, dans l'étude ou la lecture, que vous appréciez particulièrement. Cela dit, elle peut faire partie intégrante de votre travail...

Vos atouts : l'intelligence analytique, la force intérieure, la détermination, la ténacité et un sens de l'humour très corrosif. Vous êtes séducteur, comme tous les Scorpion, mais capable d'une formidable fidélité à l'être aimé, surtout s'il (elle) ne vous déçoit pas...

Vos difficultés : une jalousie et une possessivité qui vous jouent des tours. Vous les déguisez souvent en inquiétude et en arrivez à culpabiliser l'autre ! Vous refusez de perdre quoi que ce soit ou qui que ce soit...

On vous reproche souvent vos silences chargés de sens, votre besoin de rivaliser, de contrôler votre entourage et d'avoir toujours raison !

Vos fragilités : les organes sexuels, ainsi que les intestins.

Pluton et Mars sont vos maîtres d'ascendant, étudiez-les avec attention.

AVEC QUI VOUS ENTENDEZ-VOUS ?

Selon votre signe et votre ascendant-descendant.

Le descendant est le secteur opposé à l'ascendant et représente le monde des autres, les rencontres, les unions et associations...

Les relations tièdes, ou que vous jugez médiocres, très peu pour vous ! Vous êtes entier et vous donnez corps et âme à celui ou celle que vous aimez. Mais vos exigences sont excessives et si vous ne les modulez pas, vous aurez du mal à construire une relation qui vous satisfasse. Votre descendant étant en Taureau, vous avez besoin de partenaires doux, tendres et fidèles, qui vous sécurisent et n'utilisent pas vos faiblesses pour en faire leur propre force. La sensualité et le désir doivent toujours être présents entre vous. Les Taureau ou ascendant Taureau seront donc vos partenaires favoris car ils possèdent les qualités que vous attendez de l'autre. Mais les membres de votre signe ou les ascendant Capricorne auront également le sérieux que vous recherchez ; cependant, votre relation manquera peut-être de fantaisie. Les Vierge ou ascendant Vierge vous seront fidèles et admireront vos qualités intellectuelles ainsi que votre humour. Mais vous trouverez qu'ils manquent d'ambition. Les Poissons ou ascendant Poissons vous toucheront car ils sont particulièrement sensibles et émotifs. Ils sauront vous aimer avec générosité et percer votre carapace. Même chose avec les Cancer ou ascendant Cancer...

♐ ASCENDANT SAGITTAIRE

Voilà un mélange de signes qui dénote une personnalité contrastée mais qui dispose néanmoins d'une grande force intérieure ! Il y a à la fois le besoin de vous lancer des défis, d'aller toujours plus haut, que ce soit au plan intellectuel ou physique, et en même temps le manque d'assurance caractéristique du Capricorne. Mais vous êtes profondément déterminé à vous « élever » et votre formidable énergie intérieure vous permet d'atteindre les objectifs que vous vous fixez. Il est même très possible que vous réussissiez brillamment, non seulement grâce à vos qualités, mais aussi parce que vous avez

le sens de l'opportunité, tout en respectant les codes de valeur...
Il est cependant parfois difficile de percer votre armure, faite d'une apparente assurance et d'une élégante distance !
Plus optimiste que le Capricorne classique, vous attirez la sympathie, savez intelligemment vous entourer et profiter (dans le bon sens) de vos nombreuses relations. Votre envie d'effacer les frontières fait de vous un citoyen du monde, qui adore voyager et faire des expériences. Toutefois, si vous faites partie des intellectuels, vos voyages se font le plus fréquemment dans les livres !
Manuel ou intellectuel, homme d'affaires ou simple employé de bureau, vous cherchez naturellement à être le meilleur !
Par ailleurs, vous êtes de ceux qui savent profiter des bonnes choses de l'existence et les partager avec leurs proches. Votre appétit de vie est contagieux et vous êtes de bon conseil : vous ne parlez jamais pour ne rien dire. Votre nature Capricorne vous oblige à respecter les limites, ce qui n'est pas toujours le cas du pur Sagittaire.
Vos atouts : votre intelligence et votre efficacité dans le travail. Votre amour de la vie et un sens des valeurs bien ancré.
Vos difficultés : vous voulez toujours avoir raison, tout organiser, tout gérer et contrôler. Vos colères sont mémorables,

mais vous ne les exprimez pas forcément et vous les retournez le plus souvent contre vous.

Vos fragilités : tout le système circulatoire, ainsi que le foie.

Jupiter est votre maître d'ascendant, étudiez-le avec attention.

AVEC QUI VOUS ENTENDEZ-VOUS ?

Selon votre signe et votre ascendant-descendant.

Le descendant est le secteur opposé à l'ascendant et représente le monde des autres, les rencontres, les unions et associations...

Votre descendant étant en Gémeaux, signe double, vos relations seront très diverses ; vous apprécierez les personnes vives, jeunes d'esprit et qui s'adaptent à tout. Ils ou elles devront vous laisser votre liberté d'action et accepter les débats d'idées où, nécessairement, vous aurez raison ! Cet être multiple qu'est le Gémeaux ou ascendant Gémeaux, ou toute personne ayant la Lune, voire Vénus en Gémeaux, vous conviendra car il n'est jamais le même. Sa nature aérienne, son apparente facilité et son humour vous épateront, mais à la longue vous trouverez peut-être qu'il (elle) manque de consistance et... de constance. Les Verseau ou ascendant Verseau sauront également vous séduire, leur originalité et leur non-respect des conventions vous obligeront à vous poser des questions sur vous-même, alors que leur liberté vous semblera enviable. L'énergie des Bélier ou ascendant Bélier vous stimulera et leur esprit d'entreprise vous bluffera, mais attention aux rapports de force. Avec les Lion ou ascendant Lion, il y aura des sentiments profonds et sincères, même si vous les trouvez parfois trop frimeurs. Par ailleurs, vous ne serez jamais indifférent aux Balance ou ascendant Balance, tendres et pleins de charme.

♑ ASCENDANT CAPRICORNE

Votre ascendant renforce, bien entendu, les qualités propres au Capricorne. Toutefois, selon que le Soleil est placé AVANT ou APRES l'ascendant, vous serez plus actif ou plus passif...

AVEC QUI VOUS ENTENDEZ-VOUS ?

Selon votre signe et votre ascendant-descendant.

Le descendant est le secteur opposé à l'ascendant et représente le monde des autres, les rencontres, les unions et associations...

Avec vous, on ne rigole pas ! L'amour est une affaire très sérieuse dans laquelle vous vous investissez à fond, comme dans tout ce que vous faites, d'ailleurs ! Votre descendant étant en Cancer, opposé et complémentaire du Capricorne, vous avez besoin de partenaires qui vont savoir percer vos défenses à force de patience et de petites attentions. Les Cancer, les ascendant Cancer, de même que ceux qui ont la Lune ou Vénus dans ce signe sont particulièrement indiqués car ils ont un côté enfantin qui sollicitera votre instinct de protection. Leur besoin de sécurité étant tout aussi important que leur besoin de tendresse, ils vous forceront à sortir de votre tour d'ivoire et à considérer leurs émotions avec attention. Les vôtres aussi par la même occasion. La sensibilité des Poissons ou ascendant Poissons vous fera fondre et ouvrira une brèche dans la vôtre. Eux aussi sauront percer votre carapace, alors que votre solidité les rassurera. Vous vous entendrez bien par ailleurs avec les Taureau ou ascendant Taureau, à la fois sensuels et tendres, votre couple sera très constructif. Il en ira de même avec les rassurantes Vierge ou ascendant Vierge, avec qui l'entente intellectuelle et la complicité seront parfaites. Mais il y aura trop de silences entre vous. Enfin, les Scorpion ou ascendant Scorpion ne vous laisseront jamais indifférents.

♒ ASCENDANT VERSEAU

Une grande liberté de comportement et une forte indépendance caractérisent votre ascendant, dont la tendance à la révolte et au refus des conventions est bien connue. Mais elle entre en conflit avec votre nature Capricorne, peu aventureuse, prudente et patiente. Pour vos proches, vous n'êtes pas facile à comprendre car vous avez une logique bien à vous qui entre souvent en conflit avec la leur. Toutefois, votre dévouement aux autres, votre désintéressement et même votre sens du sacrifice font de vous une personne extrêmement utile à la société. D'ailleurs, vous êtes très tôt attiré par les activités sociales, la politique, et vous pouvez faire partie des militants !

Angoissé de naissance, vous pouvez être paralysé par vos peurs (celles du Capricorne s'ajoutant à celles, très métaphysiques, du Verseau) comme elles peuvent vous servir de moteur et faire de vous quelqu'un de brillant.

Vous avez une puissance de travail impressionnante et vous arrangez toujours pour vous spécialiser dans votre domaine, ou trouver une manière de faire qui sera différente de celle des autres. Vous adorez avoir des projets et vous vous servez de votre détermination Capricorne pour les concrétiser. Votre nature profonde, souvent pessimiste et prudente, doit s'accommoder de l'impatience et du goût du risque du Verseau. La psychologie vous intéresse particulièrement, ainsi que toutes les nouvelles techniques de soin. La notion d'aide et de service prend en fait tout son sens avec le Verseau à l'ascendant, car c'est le plus humaniste et le plus altruiste des signes.

Vos atouts : cette profonde humanité qui fait de vous l'ami(e) idéal(e) et votre créativité : il vous arrive d'avoir des idées géniales, bien en avance sur leur temps ! Ce sens de l'anticipation, allié à la détermination du Capricorne, fait de vous une personnalité qui a quelque chose de plus que les autres.

Vos difficultés : un esprit de contradiction qui peut être agaçant pour vos proches. Vos exigences sont souvent excessives et vous développez des côtés un peu tyranniques quand vous vous sentez investi d'une mission...

Vos fragilités : le système endocrinien, le système neurovégétatif.

Uranus et Saturne sont vos maîtres d'ascendant : suivez leurs mouvements avec attention.

AVEC QUI VOUS ENTENDEZ-VOUS ?

Selon votre signe et votre ascendant-descendant.

Le descendant est le secteur opposé à l'ascendant et représente le monde des autres, les rencontres, les unions et associations... Il vous arrive d'être totalement détaché des choses de l'amour, une autre forme d'amour, plus universel, ayant peut-être votre préférence. Lorsque vous n'êtes pas du type détaché, l'amour revêt une grande importance à vos yeux, car vous avez beaucoup à donner ; recevoir vous importe peu, vous n'avez pas conscience d'avoir des besoins... Avec votre descendant en Lion, il faut que vous puissiez admirer vos partenaires, que leur réussite ou leur talent vous éblouisse et que leur intelligence vous impressionne. Ainsi, vous pourrez leur dédier votre existence et eux seront heureux d'avoir un supporter tel que vous ! Les Lion ou ascendant Lion sont donc particulièrement indiqués, ils ont toutes les qualités que vous recherchez. L'esprit d'initiative des Bélier ou ascendant Bélier, leur énergie constructive pourraient également vous séduire, mais ils auront tendance à vous « bouffer » et à abuser. Les Sagittaire ou ascendant Sagittaire seront également de formidables partenaires, leur idéalisme étant en affinité avec le vôtre. Vous aurez envie de les suivre au bout du monde ! Avec les Balance ou ascendant Balance, vous trouverez un équilibre et une forme de sérénité. Les Gémeaux ou ascendant Gémeaux vous attireront et vous amuseront, mais peut-être pas pour toute la vie !

♓ ASCENDANT POISSONS

Vous êtes comme une éponge et absorbez tout ce qui vient de votre environnement. Vous êtes donc hypersensible, intuitif, et savez vous mettre à la place des autres. Un peu trop même ! Votre générosité et votre dévouement vont souvent jusqu'au sacrifice de vos propres intérêts. D'ailleurs, on dit que vous que vous êtes très, voire trop gentil(le) et les autres abusent de votre générosité.

Vous ne possédez pas une grande confiance en vous et n'avez pas toujours conscience de vos qualités ou de votre intelligence.

Vous avez tendance à la fusion, au mélange, à l'indifférenciation et, pour trouver ou préserver votre identité, vous devez apprendre à faire la part les choses, à être plus critique. Dire non vous est difficile, mais il est indispensable à votre développement que vous appreniez à le faire ! Vous détestez les conflits et la fuite est souvent votre meilleure arme. Vous la pratiquez également quand vous refusez quelque chose, ou quelqu'un, car c'est votre manière à vous de dire non ! Votre humour est également une manière de prendre de la distance...

Vous avez un bon sens politique, êtes conscient des règles et des lois à respecter, même si vous avez souvent envie de dépasser les limites ! Plus que d'autres, vous vous intéressez à la vie de votre communauté et savez vous créer un important réseau amical. Votre sens des valeurs, issu de votre éducation, est également l'une de vos qualités, mais elle peut se retourner contre vous en vous enfermant dans un système trop rigide.

Vos atouts : les chocs et les traumatismes glissent sur vous, ou en tout cas c'est l'impression que vous donnez. Par ailleurs, vous avez le sens du secret et l'on peut vous faire confiance quand on vous confie un travail.

Vos difficultés : vous vous dissimulez souvent la vérité et bâtissez des romans dans votre tête.

Vos fragilités : la circulation principalement, ainsi que le transit intestinal, trop rapide ou trop lent.

Neptune et Jupiter sont vos maîtres d'ascendant, étudiez leurs mouvements avec une attention particulière.

AVEC QUI VOUS ENTENDEZ-VOUS ?

Selon votre signe et votre ascendant-descendant.

Le descendant est le secteur opposé à l'ascendant et représente le monde des autres, les rencontres, les unions et associations...

La froideur du Capricorne étant complètement réchauffée par la nature tendre et affective des Poissons, vous avez beaucoup d'amour à donner. Mais vous êtes affreusement timide et il vous est difficile d'aller vers l'autre ! Votre descendant occupe le signe de la Vierge, opposé mais complémentaire de votre ascendant Poissons. La relation de couple doit donc être un « contenant » ; elle doit vous poser des limites, vous servir de référence temporelle ou spatiale dans la vie quotidienne. Les Vierge ou ascendant Vierge possèdent ces qualités et vous formerez un bon couple avec eux, qui peut se révéler solide au fil du temps. Mais vous trouverez qu'ils manquent de tendresse et devrez supporter leur tendance à la critique. Les Taureau ou ascendant Taureau auront également beaucoup à vous apporter côté tendresse et surtout sensualité : vous y serez particulièrement sensible. Les Cancer ou ascendant Cancer seront aussi parmi vos favoris : tendres, vulnérables et romantiques, ils ne manquent pas de force intérieure. Vous serez fasciné par les Scorpion ou ascendant Scorpion, qui, tout comme les Taureau, possèdent une forte sensualité. N'oubliez pas les membres de votre signe ou ceux qui ont l'ascendant Capricorne car ils vous apporteront la stabilité et la sécurité dont vous avez besoin.

L'enfant Capricorne

♈ ASCENDANT BÉLIER

Votre enfant a une très forte personnalité, volontaire et extrêmement déterminée. Craignant la solitude et l'abandon, il recherche activement la compagnie des autres et a besoin de se sentir soutenu par ceux qu'il aime. À la fois impulsif et réfléchi, hyperactif et ambitieux, il souhaitera rapidement prendre sa vie en main. Ayant beaucoup d'autorité, il supporte mal celle des autres. Il fait preuve d'une grande confiance en lui, de courage et d'esprit d'entreprise, mais peut manquer d'assurance et perdre ses moyens s'il se sent rejeté ou mal accepté. Coléreux, révolté par les frustrations, il sait cependant se dominer et contrôler efficacement ses mouvements d'humeur. Sachez découvrir la tendresse et la générosité qui se cachent sous un masque de froideur, ou sous une distance apparente.

Le Capricorne dans tous ses états

VOTRE ENFANT EST UN GARÇON

Téméraire et un peu casse-cou, mais conscient des risques qu'il prend, votre fils a une personnalité contrastée : infantile et parfois capricieux jusqu'à la fin de l'adolescence, bougon et ronchonneur, il est capable d'une étonnante maturité pour certaines choses et prend la vie très, voire trop, au sérieux. Pour s'épanouir, il a besoin d'un environnement solide et structuré, d'être aimé et encouragé le plus souvent possible. Mais son besoin d'expériences le poussera à prendre rapidement son autonomie. À l'école, son désir de rivaliser, de se mesurer aux autres peut être un excellent moteur pour l'amener aux premières places ; de plus il possède une excellente mémoire et travaille rapidement, tout en s'imposant lui-même une certaine discipline. Alors, inutile d'en rajouter dans ce domaine, au contraire : faites-lui confiance et il vous prouvera qu'il est le meilleur. Son ambition le poussera à faire des études ou à se donner rapidement la possibilité de gagner sa vie. Politique, banque, finance, immobilier, chirurgie seront ses domaines de prédilection.

VOTRE ENFANT EST UNE FILLE

Aussi déterminée que son homologue masculin, elle est beaucoup plus sensible qu'elle ne le laisse paraître à l'attention que vous lui portez. Plus elle se sent aimée, et plus elle s'épanouit. Honnête, droite et loyale, elle prend la vie avec trop de sérieux et s'inquiète facilement. Rassurez-la le plus souvent possible et maintenez autour d'elle un climat de stabilité sécurisant. Elle n'a probablement pas le caractère facile et tendre, mais sa forte personnalité impressionne : ne lui imposez pas de contraintes, elle sait trop bien le faire elle-même, et apprenez-lui à relativiser les petits événements de la vie. À l'école elle a, comme le garçon, très envie de réussir et se sent stimulée par la rivalité, la compétition. Et plus elle a confiance en elle, plus elle est brillante. En revanche, dans sa vie affective elle aura davantage de difficultés à cause de son tempérament insatisfait. Mais elle trouvera tout de même son équilibre grâce à sa réussite professionnelle, dans des métiers voisins de ceux du garçon.

♉ ASCENDANT TAUREAU

Votre enfant a une personnalité solide, structurée, et est quelqu'un de très fiable. Prudent, patient et sérieux, il est également aimant, chaleureux et extrêmement stable dans ses affections. La froideur et la distance naturelle du Capricorne sont tempérées par l'hédonisme du Taureau. L'ambition parfois très importante du premier, sa détermination farouche se trouvent freinées par la lenteur naturelle du second et son besoin de se faire plaisir — ce à quoi le Capricorne se refuse souvent. En revanche, on peut lui reprocher une trop grande possessivité, une forte tendance à la jalousie et à la rancune, et une volonté d'entasser et de conserver qui pourrait agacer ses proches.

Le Capricorne dans tous ses états

VOTRE ENFANT EST UN GARÇON

Malgré son apparent détachement, votre fils est capable d'une grande tendresse et attend de vous de nombreuses preuves d'amour. Plus elles sont visibles et concrètes, plus il est heureux et épanoui. Intelligent, aimant apprendre et élargir sans cesse son horizon, il est cependant un peu trop sûr d'avoir raison et capable de mauvaise foi. Vous devez lui apprendre à être un peu moins rigide et inflexible. Très protecteur vis-à-vis de ceux qu'il aime, il s'en sent rapidement responsable et peut même les étouffer sous sa sollicitude. Mais qui pourrait se plaindre d'avoir un fils aussi aimant et attentionné ? À l'école, l'ambition naturelle du Capricorne trouve à s'exprimer, mais il est un peu plus lent que les autres, a besoin de temps pour assimiler. Cependant, sa persévérance viendra à bout de cette lenteur et probablement aussi d'une certaine nonchalance. Plus tard, il sera attiré par les métiers de construction, ainsi que tous ceux qui sont liés à la terre. Mais les voyages et la réussite à l'étranger ne sont pas exclus.

VOTRE ENFANT EST UNE FILLE

Dotée des mêmes qualités de sérieux, de patience et de persévérance que son homologue masculin, elle est également douce et aimante, très concernée par les sentiments qu'on lui porte et les preuves d'amour qu'on lui donne. Attachée à sa famille, à sa maison, ainsi qu'aux valeurs de son éducation, elle a un immense respect pour ses parents et se montre docile. Cependant, elle est capable de se buter, de s'entêter quand elle pense avoir raison ; et là, personne n'est capable de la faire changer d'avis ! Craignant la perte et l'abandon, elle s'arrange pour faire provision de tout, autant d'amour que de biens matériels. À l'école, elle apprend avec méthode et application, mais a les mêmes problèmes de lenteur que le garçon. Sa discipline naturelle et son ambition sont cependant d'excellents atouts, qu'elle exploite aussi bien que le reste de son potentiel. Ne vous faites aucun souci pour votre fille, elle saura toujours tirer avantage de toutes les situations de sa vie et retombera immanquablement sur ses pieds. Elle réussira dans les mêmes secteurs d'activité que le garçon.

♊ ASCENDANT GÉMEAUX

Votre enfant a une personnalité plutôt contrastée, où le sérieux, la rigueur, la patience et la persévérance voisinent avec la légèreté, l'insouciance, l'extrême mobilité et la curiosité. Cette combinaison de signe est plutôt heureuse, car elle permet au trop sérieux Capricorne, qui prend tellement la vie à cœur, de s'alléger un peu, de voir davantage les choses sous leur aspect ludique. Un peu nerveux cependant, et facilement inquiet, votre enfant a besoin d'un environnement très stable et rassurant pour s'épanouir. Mais faites confiance à son intelligence et à son humour discret pour trouver les moyens de progresser, de se développer dans la bonne direction et avoir suffisamment de distance avec lui-même pour comprendre ses erreurs et les corriger.

VOTRE ENFANT EST UN GARÇON

Il pourrait manquer de confiance en lui au départ, et se montrer très critique vis-à-vis de ce qu'il fait ou de ce qu'il est. C'est donc à vous de le valoriser, de lui apprendre à mesurer ses capacités avec plus de justesse et de tendresse envers lui-même. Son apparente froideur et sa distance ne doivent pas vous tromper : il est autant que d'autres en demande d'amour et n'oubliera jamais ce que vous aurez fait pour lui — ou ce que vous n'aurez pas fait ! Cérébral, il a besoin de tout comprendre, autant chez les autres qu'à l'intérieur de lui-même. À l'école, il fait un excellent élève, studieux et apprenant facilement. Mais, encore une fois, il faut accentuer sa confiance en lui, et l'empêcher de se montrer pessimiste ou même fataliste. Prenez-le avec de l'humour, montrez-lui les aspects amusants de l'existence, cela lui sera d'une aide précieuse pour le futur. Il réussira socialement dans des activités liées à la construction, à la banque, aux finances en général, dans le journalisme politique ou d'investigation. Mais la psychologie, voire la psychanalyse, peuvent le passionner.

VOTRE ENFANT EST UNE FILLE

À la fois concentrée et dispersée, sérieuse et mutine, triste et rigolote, elle a une personnalité assez compliquée, mais très riche en créativité, en inventivité. Exigeante en famille, et même très critique vis-à-vis de ceux qu'elle aime, elle est beaucoup plus discrète à l'extérieur, où elle n'ose pas forcément utiliser son humour mordant. Cependant, mise en confiance, elle développe un grand sens de l'observation, des dons pour l'imitation et sait révéler aux autres ce qu'ils se cachent à eux-mêmes. C'est à la fois l'apanage des bons comédiens et... des psychanalystes ! Perfectionniste et ambitieuse, elle réussit aussi bien que le garçon à l'école, mais elle a probablement un peu plus confiance en elle que lui et le devance en précocité. Douée pour les études, elle pourrait aller assez loin. Médecine spécialisée, psy, écrivain à la plume acérée, critique, journaliste polémiste : un grand champ d'activités s'ouvre devant elle et elle saura y construire quelque chose de solide.

♋ ASCENDANT CANCER

Votre enfant est extrêmement sensible et émotif, intuitif et imaginatif, mais dissimule tout cela derrière des apparences froides et distantes, comme tout Capricorne qui se respecte. Très attaché à sa famille, aux valeurs de son éducation, il deviendra en grandissant quelqu'un d'aussi mûr qu'enfantin, d'aussi responsable et protecteur que changeant et susceptible. On peut compter sur lui, sur la solidité et la profondeur de ses sentiments, même s'il n'en fait pas volontiers étalage. En revanche, il demande lui aussi beaucoup aux autres, et en particulier de le soutenir et de le protéger envers et contre tout. On lui reprochera un manque de confiance en soi, des côtés bougons et une émotivité à fleur de peau.

VOTRE ENFANT EST UN GARÇON

Il est important pour votre fils qu'il se sente en sécurité affective, car il est plus sensible qu'un autre à l'abandon et au rejet. Il a également besoin d'un milieu familial calme et équilibré pour pouvoir se développer et épanouir ses qualités. Donnez-lui, et montrez-lui surtout, un maximum de tendresse afin qu'il apprenne à exprimer ses sentiments et à être à l'aise avec ses émotions. Timide et introverti, il s'ouvre dès qu'il se sent aimé et en confiance. Ses débuts à l'école risquent d'être un peu difficiles à cause de sa peur de l'abandon, mais par la suite il sera tenace, patient, persévérant dans l'effort, surtout s'il sent que vous le soutenez et que vous l'encouragez. L'ambition propre au Capricorne pourrait alors l'amener à donner le meilleur de lui-même pour vous prouver ce dont il est capable. Doué d'une excellente mémoire, il sera bon en histoire et peut développer un goût pour l'architecture. Néanmoins, il se révélera également un excellent financier, banquier ou un homme politique honnête et droit.

VOTRE ENFANT EST UNE FILLE

Plus que le garçon, elle a besoin d'amour et de caresses pour s'épanouir et se sentir en sécurité. Elle n'est pas plus démonstrative pour autant, mais vous témoigne reconnaissance et tendresse à sa manière : elle est extrêmement attentive et protectrice vis-à-vis de ceux qui l'entourent et qui lui procurent l'équilibre dont elle a besoin. Changeante, elle est parfois renfermée et boudeuse, mais en même temps réceptive à ce que vous lui dites. Aussi timide et réservée que le garçon, elle s'ouvre dès qu'elle se fait des amis et leur manifeste une indéfectible fidélité. On peut compter sur elle en toute circonstance, elle sait toujours donner les bons conseils au bon moment. Travailleuse, patiente et persévérante, elle peut réussir sa scolarité si vous l'encouragez suffisamment. Mais sa vie affective prendra vite de l'importance et elle se cherchera le partenaire avec qui elle pourrait former une équipe solide. Ses centres d'intérêt et sa réussite professionnelle seront semblables à ceux du garçon.

♌ ASCENDANT LION

Votre enfant a une très forte ambition, un sens de l'organisation et une volonté de s'imposer, d'exister, qui vous étonnent. Très chaleureux, généreux, créatif et enthousiaste grâce à son ascendant, il est également prudent, ambitieux, discipliné et patient grâce à son Soleil en Capricorne. La réussite sociale et matérielle aura une grande importance dans sa vie et il sera rarement satisfait de ses résultats, même s'ils sont brillants. Cependant, il montre toujours aux autres ses meilleurs côtés, et cultive des apparences qui peuvent refléter le contraire de ce qu'il ressent ou même de ce qu'il est. Au chapitre des défauts, on lui reproche un orgueil au-dessus de la norme, une forte autorité et une certaine intolérance. Et, quoi qu'il se passe, il est de ceux qui ne s'avouent jamais vaincus.

VOTRE ENFANT EST UN GARÇON

Soucieux de plaire, d'être aimé et apprécié, votre fils dépense beaucoup d'énergie pour se perfectionner et correspondre à une image idéale. Il se développe donc normalement, vous donne des satisfactions, mais cultive volontiers un jardin secret que vous devez respecter. Perfectionniste et insatisfait, il est capable de fournir de gros efforts pour de petites choses sans grande importance : mais pour lui, tout prend la même valeur. Sensible plus qu'un autre à l'abandon et au rejet, orgueilleux et parfois très autoritaire, il sait pourtant se faire aimer et forcer votre admiration. À l'école, il est un bon élève consciencieux et peut même faire des étincelles pour vous prouver qu'il est le meilleur et que vous devez lui accorder une plus grande importance. Cette structure psychologique permet généralement une belle réussite sociale, laquelle sera son but principal : il se réalisera dans des activités liées à l'argent, à la banque, à la gestion, à l'immobilier, ou encore aux arts ou à la politique.

VOTRE ENFANT EST UNE FILLE

Tout aussi autoritaire et orgueilleuse que son homologue masculin, elle est néanmoins très en demande d'amour, d'attention et s'attache à prendre une place importante au sein de la famille. Séductrice en diable, elle sait parfaitement comment obtenir ce qu'elle désire, et manipule ainsi tout son petit monde. Mais elle est, comme le garçon, sensible au rejet et à l'abandon. Très intelligente et comprenant instinctivement les autres, elle n'oublie pas les petits affronts ou les mensonges, que ce soit en amour ou en amitié. Sur tous les plans, elle se montre exigeante et perfectionniste. À l'école, ce sont sans aucun doute des qualités qui la pousseront à réussir mieux que ses camarades et à obtenir ce qu'elle cherche : être la meilleure. Enthousiaste et créative, elle entraînera les autres à sa suite, cultivera le goût du beau et des apparences, et deviendra probablement une excellente femme d'affaires, qui saura mener carrière et vie de famille tambour battant.

♍ ASCENDANT VIERGE

Votre enfant est quelqu'un de sérieux, de responsable, sur lequel on peut compter en toute circonstance. Naturellement discipliné, patient et persévérant, il prend la vie très, et même parfois trop, au sérieux. Il se fait facilement du souci pour des petits détails, les monte en épingle et y fixe sa pensée de manière un peu obsessionnelle. Cela étant, il ne laisse jamais rien passer et se montre extrêmement prévoyant et prudent. Mais ce n'est pas une raison pour lui laisser la bride sur le cou ou lui confier trop tôt des responsabilités qui ne sont pas de son âge. Au contraire, allégez-lui la vie le plus possible, jouez avec lui, accentuez votre optimisme naturel afin de combattre le fort pessimisme qui est en lui.

VOTRE ENFANT EST UN GARÇON

Réservé, pudique et très timide, il a un peu de mal à aller vers les autres et à communiquer. Et pourtant, il en a drôlement besoin ! Privilégiant la position d'observateur, il développe un sens critique, une distance et un humour qui, s'il s'autorise à les exprimer, lui attirent la sympathie des autres. Mais il a toujours des apparences un peu froides et, il faut le dire, un manque de confiance en lui très typique de la Vierge. Vous pouvez atténuer cette tendance en le valorisant au maximum, en le complimentant souvent pour ses réussites. Vous l'aiderez aussi à ne pas en rajouter dans la modestie, et à ne pas trop analyser les choses : apprenez-lui à simplifier, à ne pas tout prévoir, à calmer ses inquiétudes. Studieux et appliqué, il réussira ses études et même sa vie professionnelle, s'il accepte de laisser libre cours à l'ambition du Capricorne. Mais il lui faudra lutter contre ses tendances Vierge à la dévalorisation. Ses goûts le porteront vers l'enseignement, le journalisme critique, l'écriture, la gestion financière ou l'architecture.

VOTRE ENFANT EST **UNE FILLE**

Tout aussi timide, pudique et réservée que son homologue masculin, elle est elle aussi de ceux qui se dévalorisent et ne se font pas facilement confiance. Il faut tout votre amour, votre soutien, vos compliments pour qu'elle arrive à croire en elle et en ses capacités. Mais si elle s'épanouit, vous aurez affaire à une forte personnalité, très structurée, extrêmement solide, tant en amitié qu'en amour. Certes, elle est sélective, ne donne pas sa confiance à n'importe qui, mais quand elle la donne, c'est pour la vie. À l'école, sa discipline naturelle, son assiduité et son ambition cachée lui permettent d'apprendre et de progresser brillamment, pourvu qu'elle dépasse ses inhibitions et qu'elle vive dans un climat familial valorisant. Ses capacités d'analyse, de synthèse, son sens critique ne sont pas les moindres de ses qualités. Elle s'épanouira socialement, comme le garçon, dans un métier lié à la communication : journalisme, écriture, enseignement. À moins qu'elle ne soit tentée par la médecine ou les pratiques paramédicales.

♎ ASCENDANT BALANCE

Votre enfant a une forte sensibilité, qui n'apparaît pas au premier abord, et est très attaché à son milieu familial, à son bien-être, à sa sécurité. Il a besoin de paix, de tranquillité, et craint le rejet et l'abandon. Doux et gentil, docile en apparence, il est tout de même très tenace et ne renonce pas facilement, ce qui est à mettre à son crédit. Il est également juste, honnête et droit, prudent et discipliné. Mais son extrême émotivité, rarement exprimée, pourrait provoquer des problèmes de peau, tels que l'eczéma, ou encore de l'asthme — s'il y a un terrain familial, bien sûr. Par ailleurs, il se montre influençable et sera marqué profondément par les habitudes et les événements de sa petite enfance. Indécis, changeant facilement d'humeur, il n'est pas toujours d'un abord facile.

VOTRE ENFANT EST **UN GARÇON**

Un peu bougon, facilement grognon, il dissimule sous une apparente froideur des trésors de tendresse et de délicatesse. Mais il n'exprime que rarement ses sentiments et attend plutôt que l'on vienne vers lui. À vous de lui donner beaucoup d'amour pour qu'il se sente en confiance, rassuré, et qu'il s'épanouisse à son aise. Vous devez éviter d'accentuer son sens des responsabilités et l'aider à ne pas accorder trop d'importance aux événements, car il a tendance à les monter en épingle. Montrez-lui que tout n'a pas la même valeur ni les mêmes répercussions. À l'école, il a un grand besoin de se faire des relations, mais ne va pas facilement vers les autres à cause de sa timidité. Cependant, il est d'une grande fidélité à ceux qu'il a choisis. Il est travailleur et consciencieux, mais manque de confiance en lui, en ses capacités. À vous de l'encourager un maximum, de lui prouver qu'il peut faire aussi bien, sinon mieux que les autres, et de combattre son pessimisme naturel.

Les milieux artistiques, la finance, l'immobilier, la construction l'attireront.

VOTRE ENFANT EST UNE FILLE

Son ascendant Balance lui donne beaucoup de charme et elle gardera longtemps des côtés enfantins, sous des apparences plutôt mûres et adultes. Dépendante de son milieu familial, elle a un peu de mal à prendre son autonomie et essayera de rester proche de ses parents toute sa vie. Il faut dire que sa timidité et son manque d'assurance l'empêcheront, si vous n'y prenez pas garde, de développer ses qualités. Les structures protectrices lui seront toujours chères et, dans sa profession, elle aimera faire partie d'une équipe. Dans ses amitiés, elle fera preuve d'une grande fidélité. Aimant apprendre, elle pourrait être travailleuse et bien réussir, surtout si elle se sent soutenue et encouragée. Elle adorera l'histoire, le dessin, la musique ou même la danse. Mais ses insatiables besoins affectifs la pousseront à se chercher de bonne heure le partenaire idéal avec lequel fonder une famille et recréer un cocon rassurant.

♏ ASCENDANT SCORPION

Votre enfant a une très forte personnalité, extrêmement déterminée, sachant exactement ce qu'il veut et où il va. Doué d'une forte intuition, d'un instinct précis et d'une capacité à deviner les autres, il a également un sens critique très développé et un humour caustique qui pourrait être assez dévastateur. Rien n'échappe à son sens de l'observation et, bien qu'il soit souvent en retrait par rapport aux autres, il n'en dégage pas moins un magnétisme qui le fait remarquer. Intense et passionné, il cherche toujours à progresser, et son insatisfaction fondamentale lui sert de moteur pour améliorer sa situation. On lui reproche sa possessivité, sa jalousie, son caractère rancunier, ainsi qu'une ambition qui ne s'embarrasse d'aucun scrupule.

VOTRE ENFANT EST UN GARÇON

D'une manière ou d'une autre, il cherche à se différencier, à prouver au monde qu'il existe et qu'il est capable de s'imposer. Mais cela n'apparaît jamais au grand jour et vous le trouvez au contraire plutôt secret, renfermé et laconique. Il fait preuve d'humour aussi, mais à sa façon. Vous devez lui montrer sans cesse que vous l'aimez. Ne lui mentez pas : il a naturellement du mal à faire confiance, alors mieux vaut ne pas en rajouter. S'il se sent suffisamment valorisé, votre fils sera extrêmement brillant : vous vous en apercevrez bien avant qu'il n'entre à l'école, car il est également précoce. Et si vous ne pesez pas sur lui ni ne lui imposez votre manière de voir ou de faire, il réussira de belles études et commencera sa vie active dans les meilleures conditions. Il pourra être un brillant financier, un formidable gestionnaire, ou un homme qui saura tirer les ficelles et utiliser son habileté au sein de grosses sociétés. Mais il y a gros à parier qu'il sera souvent insatisfait.

VOTRE ENFANT EST **UNE FILLE**

Naturellement douée, intelligente et rapide, elle a en plus des qualités de sérieux, de patience et de persévérance. Quand elle veut quelque chose, elle sait déployer une formidable énergie pour l'obtenir et ne lâche jamais prise. Conservatrice de nature, votre fille est très attachée aux valeurs que vous lui avez inculquées et ne les remettra probablement jamais en cause — sauf si vous la décevez gravement. Par ailleurs, elle manifeste des sentiments intenses, passionnés, auxquels vous devez répondre, mais dont vous devez lui montrer qu'ils sont un peu trop entiers et qu'elle risque d'être insatisfaite dans sa vie d'adulte. Sa forte personnalité séduit beaucoup de personnes et en dérange d'autres ; mais elle ne cherche pas forcément à s'attirer la sympathie de tous. Aussi douée à l'école que le garçon, elle peut réussir brillamment si elle est en confiance et si vous la valorisez. Sa vie professionnelle ne cessera de progresser, alors que sa vie affective lui posera davantage de problèmes, parce qu'elle attendra toujours plus que ce qu'on peut lui donner.

♐ ASCENDANT SAGITTAIRE

Votre enfant a une personnalité solide, attachée aux conventions, mais capable d'une grande ouverture au monde. Ces deux signes sont très différents l'un de l'autre : autant le Capricorne est froid, distant, matérialiste et discipliné, autant le Sagittaire est chaleureux, amoureux de la vie et insouciant. Il manifeste donc tour à tour des tendances opposées, mais arrive à trouver son équilibre car, mieux qu'un autre, il sait exactement où sont ses intérêts et comment les préserver. C'est ce mélange de gravité, de responsabilité et de superficialité qui fait d'ailleurs tout son charme. On peut lui reprocher d'être attaché aux biens de ce monde, d'avoir tendance à entasser, de se montrer têtu, obstiné, et de vouloir toujours avoir raison, envers et contre tous.

VOTRE ENFANT EST UN GARÇON

Sain et sportif grâce à son ascendant, sociable et enthousiaste, il sait cependant réfléchir aux conséquences de ses actes et contrôler son impulsivité. Plus affectueux que le Capricorne typique, il vous demande des preuves concrètes de vos sentiments, et ne se contente pas de belles paroles. Il sait tirer un bénéfice de toute situation et a un bon sens de l'opportunité. Tout ce qu'il fait est prévu, réfléchi, calculé, mais exécuté avec entrain. Ne vous inquiétez pas de ses côtés brouillons ou un peu éparpillés : il sait très bien, lui, où il en est. Aimant l'argent, son confort, sa tranquillité, il s'organisera pour tirer le meilleur parti de ses capacités, sans faire de trop gros efforts. Après une scolarité normale, voire brillante pour certains, il trouvera une activité lucrative, dans les secteurs de la banque, de l'immobilier, de la gestion de patrimoine, ou même dans l'architecture ou la restauration.

VOTRE ENFANT EST UNE FILLE

Tout en étant gaie et optimiste, elle n'en aura pas moins une insatisfaction fondamentale, qui la pousse à vouloir toujours plus que ce qu'elle a — que ce soit votre affection, votre attention, ou plus tard les biens matériels. Elle doit évoluer dans le confort et la sécurité pour s'épanouir. Freinant ses enthousiasmes, elle est de ceux qui se connaissent bien et veulent dépasser leurs limites. Capable de patience et d'autodiscipline, elle n'accepte cependant pas facilement l'autorité des autres et s'arrange pour la contourner. Prenez-la plutôt par les sentiments, ou faites appel à son orgueil, qui est important. À l'école, elle travaille plutôt bien si on la laisse faire à son idée. Un peu plus lente que les autres, elle s'organise à sa manière, mais se bloque si vous lui imposez vos méthodes à vous. Sachant tirer parti de toutes les situations, comme le garçon, elle est maligne, rusée et prévoyante. Sa vie sentimentale sera peut-être un peu moins stable et structurée que sa vie professionnelle, où elle gagnera sûrement beaucoup d'argent dans des secteurs semblables à ceux du garçon.

Le Capricorne dans tous ses états

♑ ASCENDANT CAPRICORNE

Votre enfant est extrêmement sage, réaliste, prudent et un peu renfermé. Doublement dominé par la planète Saturne, il est marqué par un certain perfectionnisme, un sens de la méthode et beaucoup de patience. Ambitieux, il veut tout réussir et met dans tout ce qu'il fera une gravité et un poids qui ne sont pas toujours gages de réussite, mais qui lui évitent de traiter la vie avec trop de légèreté. Cela ne l'empêche pas d'avoir de l'humour, de la sensibilité, mais il les dissimule derrière une apparente froideur ou un détachement qui pourrait passer pour de l'indifférence. Sensible au rejet et à l'abandon, il est également pessimiste, fataliste et un peu rigide. Trop prudent et discipliné, il en oublie souvent la fantaisie.

VOTRE ENFANT EST UN GARÇON

Très loyal, droit et honnête, votre fils attend de vous beaucoup d'amour — autant qu'il vous en donne. Le sens de la mesure qui le caractérise s'exprime donc même dans ses sentiments, ainsi que dans ses besoins. Il réfléchit avant d'entreprendre quoi que ce soit et n'est pas de ceux qui se livrent à des actes impulsifs, ou n'anticipent pas les conséquences de leurs décisions. Orgueilleux, anxieux de bien faire, il ne renonce jamais devant la difficulté, bien au contraire : elle le stimule, l'aide à se dépasser. À l'école, il passe pour un sauvage, un ermite, à moins que, dopé par votre amour et votre confiance, il ne se sente un peu plus sûr de lui. En tout cas, il est travailleur et aime apprendre, surtout l'histoire et tout ce qui a trait au passé. Lorsqu'il s'est fait des amis, il leur reste fidèle le plus longtemps possible. Fidèle, il le sera également en amour. Sa réussite professionnelle sera importante pour lui, dans des métiers liés à la banque, à la finance, à l'immobilier ou à l'architecture. Mais il pourrait aussi être un savant, un érudit, un chercheur...

VOTRE ENFANT EST UNE FILLE

Timide et introvertie, elle s'ouvre lorsque vous lui manifestez vos sentiments. Très sensible aux départs, aux abandons, elle a besoin de connaître la raison de vos allées et venues. Ne la confiez aux soins de personnes extérieures que si vous ne pouvez vraiment pas faire autrement. Elle s'investit profondément dans ses affections, et ses attachements sont des plus solides. Jouez souvent avec elle, car elle a tendance à prendre la vie trop au sérieux, à être adulte avant l'âge. Son sens des responsabilités étant déjà très développé, n'en rajoutez pas en lui demandant trop souvent de vous remplacer auprès de ses frères et sœurs. À l'école, elle manifeste autant de difficulté que le garçon à aller vers les autres, mais est travailleuse et persévérante. Même si elle est moins rapide, elle apprend facilement et retient très bien ses leçons. À force de volonté et d'efforts, elle atteint ses buts, non sans paraître se donner beaucoup de mal. Sa vie affective sera des plus stables, mais il ne faudra pas l'envahir. Et elle se réalisera dans les mêmes activités que le garçon.

♒ ASCENDANT VERSEAU

Votre enfant a une personnalité un peu hors du commun : il est tourné vers le passé, lent, patient, persévérant, mais en même temps se projette sans cesse dans le futur, dans un besoin de faire des projets. L'indépendance, l'originalité et les tendances à la rébellion du Verseau sont probablement atténués par la prudence du Capricorne. Et s'il cherche tout de même à faire de nombreuses expériences, il en mesure mieux les difficultés que le Verseau typique. Il peut être très rêveur et idéaliste pour certaines choses, avoir des idées un peu utopiques, mais il a tout de même un côté très réaliste et les pieds bien ancrés dans le sol. Aussi dépense-t-il pas mal d'énergie à se freiner, à se discipliner, et oscille-t-il souvent entre optimisme et pessimisme.

VOTRE ENFANT EST UN GARÇON

Assez doux et rêveur en apparence, semblant distant et détaché, il n'en a pas moins besoin de sécurité affective et de stabilité dans son milieu familial. L'anxiété naturelle du Verseau peut être accentuée par le pessimisme du Capricorne, et seule la certitude d'être aimé le rassure et lui permet de s'épanouir. Créatif, inventif, il a également de l'humour et l'envie d'apprendre par lui-même. Il rejette instinctivement ce que vous lui imposez, mais est capable de s'infliger à lui-même la plus sévère des disciplines. À l'école, il est soit très en avance, soit en retard, cela dépend de la position d'Uranus dans son thème. Mais il aime étudier et, si la scolarité ne l'intéresse pas dans son enfance, il sera plus tard le type parfait de l'autodidacte. Ses amitiés comptent beaucoup et ont sur lui une grande influence. Adulte, il aimera travailler en toute autonomie, ne dépendre de personne. Les métiers nouveaux l'attireront, ainsi que toutes les sciences et techniques du futur. Mais il ne dédaignera pas non plus des activités plus classiques, l'enseignement en particulier.

VOTRE ENFANT EST UNE FILLE

Introvertie au départ, et même assez timide, elle fait preuve d'une grande curiosité de la vie et a envie de tout connaître. Mais il faut que cela vienne d'elle, car dès que vous lui donnez des conseils, elle s'empresse de faire le contraire. En revanche, les exemples que vous lui montrez l'influencent plus que vos paroles. Ses amitiés, comme pour le garçon, ont aussi beaucoup de poids dans son existence. Imprévisible comme tous les gens marqués par le Verseau, elle peut très bien réussir une brillante scolarité, comme passer totalement à côté. Mais elle aime acquérir des connaissances et il faudrait vraiment qu'elle soit perturbée affectivement pour rater ses études. Ne lui imposez pas d'horaires ou de méthodes de travail, laissez-la faire à son idée, tout en lui montrant que vous êtes là si elle a besoin de vos lumières. Elle s'attache aux personnes qu'elle admire et cherchera un partenaire brillant, qui aura de l'ascendant sur elle, mais avec qui elle aura des relations compliquées. Sa réussite professionnelle, même tardive, peut être brillante.

♓ ASCENDANT POISSONS

L'ascendant adoucit les tendances un peu trop sérieuses et responsables du Capricorne. Il y a, dans cette combinaison, plus de douceur, de générosité et de dévouement que chez le Capricorne typique et votre enfant est très tourné vers les autres. Légèrement distrait et confus, mais très intuitif et réceptif, il est également patient et persévérant, sensible et émotif. Mais il y a gros à parier qu'il ne montre pas ses fragilités et présente un masque d'indifférence qui ne doit pas vous abuser. C'est une défense contre le monde extérieur, généralement vécu comme agressif par les Poissons. On lui reproche sa nervosité, son anxiété pour tout et pour rien, sa capacité à fuir les réalités et un idéalisme excessif qui ne peut que le mener à des déceptions.

VOTRE ENFANT EST UN GARÇON

Distrait, rêveur, mais plein d'humour, votre fils est délicieux et vous donne beaucoup de satisfactions. Il demande certes beaucoup d'amour, mais se montre très affectueux en retour. Cherchant à vous faire plaisir, à ne pas vous causer de souci, il révèle de bonne heure ses côtés compatissants et altruistes. Il est, de même, très sensible aux misères humaines en règle générale et pourrait très bien, plus tard, entrer en politique ou avoir une vocation humanitaire qui le porterait vers la médecine ou la recherche spécialisée. En attendant, il est peu motivé à l'école, mais il suffit de le mettre face à ses responsabilités, de lui parler de son avenir, de lui faire comprendre qu'il travaille pour un but précis, pour qu'il dépasse sa nonchalance et fasse appel à ses qualités Capricorne de sérieux et de responsabilité. L'amitié a une place importante et il est capable de se couper en quatre pour rendre service à ceux qu'il aime. Le seul danger est qu'il se disperse, qu'il veuille trop en faire.

VOTRE ENFANT EST **UNE FILLE**

Aussi gentille et compatissante que le garçon, elle est facile à élever et source de bien des satisfactions pour ses parents. Vous devez cependant l'aider à avoir confiance en elle, à ne pas se dévaloriser, et à surmonter une certaine timidité. Cela fait, elle se développe facilement et fait preuve d'une grande curiosité et même d'une soif de connaissances. Comme cela part un peu dans tous les sens, vous devez lui apprendre à canaliser son énergie, à suivre ses idées, à ne pas les abandonner en cours de route. Elle prendra son avenir très au sérieux et, comme le garçon, aura peut-être une vocation, humanitaire, sociale ou même politique. Elle sera ambitieuse et déterminée, en quelque domaine que ce soit, ce qui peut la faire grimper assez haut sur l'échelle sociale. Sa vie affective sera probablement un peu moins structurée, car son romantisme la poussera à s'emballer facilement et à accorder une grande importance à toutes ses passions.

Votre année

♑

2003

Votre décan

1er décan, du 22 décembre au 1er janvier

On ne peut pas dire que vous êtes quelqu'un de tranquille, de serein et qui apprécie la vie. L'inquiétude règne, quand ce n'est pas une certaine tristesse qui teinte votre quotidien. Comme si vous aviez perdu quelque chose, mais vous ne savez pas quoi ! Vous vous réfugiez souvent dans votre imaginaire, ou vos souvenirs, tant la réalité présente vous semble inintéressante par rapport au passé. Vous êtes attiré par l'aspect négatif des choses et ne voyez pas ce qu'il y a de positif, ou plutôt ne voulez pas le voir. Il vous suffirait d'adopter une vision plus optimiste de l'existence pour que celle-ci se transforme radicalement ! Vous avez tout votre temps devant vous pour le faire, car vous avez la réputation de vivre très vieux...

VOTRE DÉCAN EN 2003

C'est vous qui allez être le mieux servi par les astres cette année ! Plusieurs planètes changent en effet de signe pour se mettre à votre service. Tout d'abord, **Uranus**, qui représente les changements, les progressions et les expériences nouvelles : à partir du 10 mars, il entre dans le signe ami des Poissons, où il **formera un angle harmonieux avec votre Soleil.** Seul le début du décan sera concerné cette année par un important renouveau, de belles ouvertures dans tous les domaines, en particulier au plan des échanges ou de l'environnement. Certains pourront aussi bénéficier d'un apprentissage ou d'un stage qui leur apportera beaucoup. L'écriture, la lecture, l'expression orale pourraient être sources de découvertes sur vous-même. Par ailleurs, vos rencontres seront différentes des précédentes, et vous serez au contact de personnes à l'esprit jeune, curieuses de la vie et qui vous apporteront beaucoup. Toutes les expériences que vous pourrez faire et qui sortiront un peu de l'ordinaire seront bonnes à prendre !

En juin, deux événements importants. Tout d'abord **Saturne** : votre planète maîtresse, qui représente, vous le savez, le temps, la réalité, la construction, **s'opposera à votre Soleil du 4 juin jusqu'au 25 août,** pour y revenir fin décembre. Ne soyez pas inquiet, car elle recevra un bon aspect d'Uranus, de Mars et de Jupiter, et elle ne peut donc que jouer un rôle positif dans votre vie, même si les apparences vous disent le contraire ! Vous pourriez vous engager dans une relation de longue durée, ou commencer un travail dans lequel vous vous investirez pendant plusieurs années. Quoi que vous en pensiez sur le moment, ce qui se passera renforcera votre personnalité et vous permettra à court ou moyen terme de vous imposer et de vous faire respecter. Certains pourront aussi se débarrasser d'un lien pesant.

Le 17 juin, c'est Mars qui se mettra de votre côté, car il entamera une longue boucle dans le signe ami des Poissons, où se trouvera déjà Uranus. Doté d'une détermination d'enfer, vous aborderez tous les changements qui vous attendent avec un courage et un optimisme formidables !

Enfin, le 27 août, c'est Jupiter (chance, essor) qui investira le signe ami de la Vierge en même temps que Vénus (amour, plaisirs) et introduira dans votre vie de nouveaux personnages : amis, clientèle, liaison amoureuse seront au programme d'une rentrée très intense.

En résumé, une année résolument positive, même si Saturne place quelques obstacles sur votre route, ou s'il vous met face à vous-même et à une situation que vous connaissez bien.

2e décan, du 2 au 10 janvier

Votre décan ressemble, d'une certaine manière, au Scorpion. C'est-à-dire que vous êtes quelqu'un de méfiant et de très perspicace ! Votre sens de l'observation peut même être votre plus grande force et il vous donne un humour très apprécié par votre entourage. Même s'il sait se faire discret ! En revanche, comme les Scorpion, vous êtes entier, jaloux et vous avez du mal à croire en la sincérité de l'autre : vous l'accusez souvent de toutes les turpitudes ! Vous êtes naturellement pessimiste, mélancolique parfois, et la solitude fait partie intégrante de votre vie. Même quand vous avez trouvé l'âme sœur, vous avez tellement de mal à communiquer que vous continuez à vous sentir seul...

VOTRE DÉCAN EN 2003

Vous serez plutôt tranquille pendant une grande partie de l'année, sauf si vous avez une planète au début de votre signe (voir premier décan). **En janvier** toutefois, une boucle de Mercure se fera dans votre décan, vous exposant à la critique des autres ou vous demandant de la patience si vous attendez une réponse quelconque. Il se peut également qu'une négociation vous préoccupe, en particulier si vous êtes né autour des 4 et 5 janvier. Un petit souci de santé peut également vous préoccuper momentanément. **En février**, c'est Vénus qui occupera votre décan (du 13 au 21), vous proposant un climat plus chaleureux au plan sentimental : vous serez davantage en demande d'amour et pourrez faire une rencontre, ou vivre une période amoureuse intense. **Du 20 mars au 5 avril**, Mars (énergie, combat) traversera lui aussi votre décan, provoquant des rapports de force, une petite querelle, ou encore vous plongeant dans une période très chargée en travail et en efforts à fournir. Surveillez également les fièvres et autres grippes !

Par la suite, **entre le 5 et le 13 avril**, Vénus vous fera les yeux doux et vous facilitera la vie : vos rapports avec votre partenaire ou ceux qui vous entourent seront plus faciles, et si vous le souhaitez vous pourrez vivre un petit flirt qui ne portera pas à conséquence. À moins que vous ne vous preniez à votre propre jeu et que vous ne tombiez très amoureux ! Une seconde boucle de Mercure, **au mois de mai**, intéressera votre décan ; elle se fera dans un secteur lié aux réussites flatteuses et aux petits événements agréables. Une naissance pourrait vous faire plaisir par exemple, ou vous serez fier du succès de l'un de vos enfants. Côté finances, ce sera plutôt sympathique.

En juin, **Saturne entrera en Cancer**, où il n'était pas venu depuis vingt-neuf ans, et formera de bons aspects (voir premier décan). À partir de la seconde quinzaine d'août, il s'opposera cependant à votre Soleil et vous entrerez alors dans une période qui vous demandera une certaine rigueur. Mais c'est une ambiance que vous connaissez bien, en tant que Capricorne. Le passé se présentera à vous, en vous demandant de bien le prendre en compte pour ne pas refaire les mêmes erreurs. Il faudra également lui tourner le dos et accepter de renoncer à des plaisirs immédiats, au profit de bénéfices plus lointains. Cela dit, la planète ne formera pas de dissonance et si, dans votre thème natal, il n'y a pas non plus de dissonance, cette configuration se révélera très favorable pour votre avenir ; elle vous permettra en effet de le construire ou de le reconstruire très solidement, non sans avoir auparavant tourné une page. Si vous êtes né après le 9 janvier, ce n'est pas cette année que vous devrez affronter Saturne.

À peu près au même moment, **le 27 août, Jupiter (chance, essor) fera son entrée dans un signe en harmonie avec le vôtre, la Vierge,** et sera en bon aspect avec votre décan à partir du 14 octobre : une bonne période démarrera alors, qui verra Jupiter et Saturne se donner la main pour accentuer vos chances de réussite, surtout dans le domaine des affaires. Le mois de novembre sera particulièrement sympathique et pourra constituer un essor marquant. Il y aura un voyage dans l'air, ou des contacts fructueux avec l'étranger. Votre entourage, ou une clientèle, s'élargira et vous vous sentirez apprécié, respecté par ceux avec lesquels vous serez en relation. Cerise sur le gâteau, une liaison amoureuse pourrait voir le jour, ou s'épanouir, à cette période.

3e décan, du 11 au 20 janvier

L'orgueil domine souvent dans ce décan, un orgueil qui vous isole des autres et cache très probablement un manque de confiance en vous. Pourtant, vous avez conscience de vos forces et vous sentez même parfois invulnérable ! Vous méprisez la médiocrité, la bassesse, et restez fidèle toute votre vie aux valeurs qu'on vous a inculquées, ou que vous vous êtes forgées vous-même. Toute faiblesse, qu'elle vienne de vous ou des autres, est à vos yeux impardonnable ; mais vous dédaignez également les puissants, ceux qui se croient au-dessus des autres. Ce décan est souvent signe de longévité, de santé, et vous voit très attaché à votre pays ou à votre terre. En conséquence, vous n'aimez pas trop les voyages !

VOTRE DÉCAN EN 2003

Pas beaucoup d'événements au programme de cette année ! Vous êtes un peu le parent pauvre du zodiaque, les planètes lentes vous ayant oublié ! Mais c'est bien entendu une situation provisoire, qui ne concerne en fait que votre Soleil Capricorne. Consultez les prévisions pour votre ascendant ! Nous allons donc nous intéresser d'un peu plus près aux planètes rapides, qui marqueront davantage votre quotidien : **du 1er au 17 janvier**, comptez sur le soutien de Mars (énergie, combat), qui vous permettra de vous battre pour un projet, professionnel ou amoureux. Mais attention aux petits conflits passagers, surtout avec vos amis ! Votre sens de l'anticipation vous permettra cependant de ne pas tomber dans certains pièges : utilisez-le ! **Parallèlement, jusqu'au 12 janvier**, une boucle de Mercure (travail, échanges) dans votre signe vous demandera de la patience si vous attendez une réponse, et de ne pas vous montrer trop exigeant ou critique avec votre entourage. Un travail particulièrement pénible ou un petit souci de santé peut également vous préoccuper pendant la période. À moins que vous ne soyez obligé de dire quelque chose de pénible à quelqu'un. **Du 21 février au 2 mars**, Vénus s'invitera dans votre décan, plaçant vos amours ou votre besoin d'amour au premier plan. Des rencontres sont possibles, un climat d'harmonie aussi, mais selon votre thème de naissance il faut moduler ces prévisions. Invitations, sorties, échanges seront cependant aux premières loges. **Du 5 au 21 mars,** ce sera au tour de Mars de traverser votre décan, vous plaçant dans une situation de rivalité ou provoquant des rapports de force avec un partenaire, au plan affectif ou professionnel. Vous avez intérêt à ne pas répondre à la violence par la violence et à mettre de l'eau dans votre vin pendant toute la période. Et surveillez les fièvres, l'impatience et la précipitation ! **La boucle de Mercure qui aura lieu en avril** n'intéressera que les natifs des 10, 11 et 12 janvier, qui verront un projet se concrétiser ou une réussite les gratifier — que ce soit la leur ou celle d'une personne qui leur est chère. Des rentrées financières peuvent également être à prévoir. En juin, deux rendez-vous importants (voir premier décan), mais qui ne vous concernent pas directement, *a priori*, sauf si une planète de votre thème est située au début de votre signe... Sachez que Saturne et Jupiter n'atteindront pas votre Soleil avant le mois d'août 2004 ; à moins, encore une fois, que vous n'ayez des planètes dans les autres décans de votre signe.

Le Capricorne et ses ascendants en 2003

♈ ASCENDANT BÉLIER

Si votre ascendant se situe dans la première partie du Bélier, cette année sera importante ! Le premier semestre, jusqu'en juin, sera agréable. **En janvier, par exemple, à partir du 17, Mars (énergie) sera votre allié et vous permettra d'étendre votre champ d'action.** Il se peut qu'on vous confie une nouvelle mission, plus de responsabilités, ou que vous effectuiez un stage, une formation qui vous permettront d'ajouter une corde à votre arc. Et puis Jupiter sera un allié de poids pour asseoir votre réputation et vivre des moments agréables pour votre ego : succès en affaires, et récompenses financières qui vont avec, par exemple. **Ensuite, du 21 avril au 17 juin, Mars sera encore une fois favorable à votre ascendant, occupant le secteur des projets et des amitiés.** La première quinzaine de

mai sera plutôt excitante car tout ira très vite et vous pourrez atteindre vos objectifs. Toutefois, il est clair que vous aurez à vous battre au cours de cette période, qui sera assez intense et vous demandera des efforts supplémentaires.
Mais les choses commenceront à se gâter (si votre ascendant se situe dans la première partie du Bélier) à partir du mois de juin avec **l'arrivée de Saturne en Cancer, où il formera une dissonance avec votre soleil et ascendant.** Vous en aurez pour un an à jongler avec les limitations saturniennes et les frustrations que cette planète nous impose le plus souvent, surtout dans nos rapports avec la réalité. Mais c'est un climat que vous connaissez bien, en tant que Capricorne... Les difficultés à affronter seront différentes selon la disposition de votre thème, mais les domaines seront à peu près les mêmes : **dans certains cas, les ennuis viendront de la famille, ou plus précisément de l'un de ses membres,** qui vous obligera à prendre des responsabilités que vous n'avez probablement pas envie d'assumer. Dans d'autres cas, vos soucis peuvent être liés à un bien immobilier, ou à l'entreprise qui vous appartient. Enfin, dans de rares cas, c'est votre place au sein de l'entreprise qui vous emploie qui sera remise en question : **on pourrait limiter vos prérogatives,** ou vous pousser lentement vers la sortie. Quoi qu'il en soit, la réalité se montrera un peu dure avec vous !
Si votre ascendant se situe dans la deuxième partie du Bélier, vous n'aurez probablement pas trop à vous plaindre de cette année 2003. Vous aurez exactement les mêmes opportunités que les autres quand Mars sera en bonne harmonie, c'est-

à-dire entre le 17 janvier et le 4 mars, puis du 21 avril au 17 juin (voir ci-dessus). En revanche, vous n'aurez pas à vous bagarrer avec Saturne. Mais vous ne perdrez rien pour attendre ! En 2004, ce sera votre tour...
Jupiter sera également en bon aspect avec votre ascendant jusqu'au 27 août, surtout si celui-ci occupe la seconde partie du Bélier : réussites flatteuses, créations couronnées de succès ou encore arrivée d'un enfant seront au programme.

♉ ASCENDANT TAUREAU

Votre ascendant sera plutôt gâté par les astres, et encore plus à partir du 27 août, date à laquelle Jupiter occupera le signe ami de la Vierge et vous proposera des moments heureux, que ce soit en amour (arrivée d'un enfant par exemple) ou dans votre vie professionnelle, avec des petits succès (souvent matériels) dont vous pourrez être fier. **Toutefois, auparavant, il est possible que Jupiter, dissonant depuis le Lion, vous occasionne des petits tracas juridiques,** des conflits en famille ou à propos d'un bien immobilier. Et c'est l'aspect financier des choses qui sera probablement aux premières loges, surtout si votre ascendant occupe la seconde partie du signe. Mais avec Jupiter les dissonances sont rarement graves, juste un peu préoccupantes ! Mars (énergie, décisions) sera votre allié du 4 mars au 21 avril : grâce à ses bons aspects, vous tiendrez une forme olympique et serez très déterminé. Il ne fera pas bon vous contredire, car vous chercherez à avoir raison en toute circonstance ! D'ailleurs, le plus souvent, vous ne vous tromperez pas. **Des stages ou des formations en tout genre permettront à certains d'ajouter une corde à leur arc,** ou d'occuper un emploi plus rémunérateur. En tout cas, vos expériences seront enrichissantes. Des voyages pourraient être au programme pour quelques-uns, alors que d'autres affronteront un procès. Par la suite, à partir du 17 juin, Mars entamera une longue boucle (jusqu'en décembre) dans le signe ami des Poissons et, si elle n'est pas très facile pour certains signes, pour votre ascendant elle sera positive, surtout s'il se situe dans la première partie du signe : **vous vous ferez probablement de nouveaux amis, alors que d'autres s'éloigneront sans que vous ayez rien fait qui justifie cette défection !** Un projet particulier, l'envie de vous dévouer au sein d'une association humanitaire par exemple ou de vous engager dans un combat politique sont envisageables durant cette période. Et puis Uranus va également faire son apparition dans votre vie, mais seulement si votre ascendant se situe sur les premiers degrés du Taureau : après de longues années à provoquer des changements dans votre vie quand il était en Verseau, il passe chez les Poissons à partir du 10 mars. Certains peuvent donc s'attendre à un important renouveau, que ce soit dans leurs comportements vis-à-vis des autres ou dans leur relation avec leur partenaire. Et comme la planète sera également en bon aspect avec votre Soleil (si vous êtes de décembre), vous en retirerez encore plus de bénéfices !

N'oublions pas Saturne, votre maître, qui sera également en bon aspect à partir du mois de juin et, même s'il forme des aspects de tension en s'opposant à votre Soleil Capricorne, son aspect positif avec votre ascendant vous facilitera les choses et vous apportera de nombreux soutiens. Il sera votre allié dans la mesure où il vous permettra de compter sur votre entourage et d'entretenir des relations plus profondes avec certaines personnes triées sur le volet. Mais il est également possible que vous ayez quelqu'un de proche à prendre en charge, moralement ou matériellement, et que cela vous pèse un peu.

♊ ASCENDANT GÉMEAUX

À partir du 10 mars, **Uranus** entamera une dissonance avec les premiers degrés de votre signe ascendant, vous imposant un changement, probablement dans le registre professionnel : vous serez en position instable et, pour le Capricorne que vous êtes, ce sera peut-être un peu compliqué ! Toutefois, son bon aspect avec votre Soleil, si vous êtes né en décembre, corrigera en partie les effets de cette dissonance et vous permettra de progresser plus rapidement. Par ailleurs, **depuis 2000, Saturne traverse votre signe ascendant, vous vous en êtes certainement rendu compte :** moins de gaieté, de légèreté, mais aussi des responsabilités supplémentaires, ou l'impression d'avoir grandi, d'être plus en phase avec la réalité.

Si Saturne a formé des dissonances, vous avez dû, de surcroît, affronter une épreuve : une relation difficile avec un proche, par exemple, l'impression d'en être moralement ou physiquement responsable, des ennuis d'argent : tout ce que le Gémeaux déteste, à moins que Saturne ne se trouve déjà dans l'ascendant à la naissance ! De plus, vous avez probablement été surchargé en travail, avec des résultats que vous jugez médiocres... **Saturne sortira de cette région du ciel en juin,** pour s'opposer à votre signe solaire. Jusque-là, et seulement si votre ascendant occupe les derniers degrés des Gémeaux, il formera un bon aspect avec Uranus et vous permettra de construire du nouveau, de passer un cap, bref, de progresser. Lentement, mais sûrement. Au registre des bonnes nouvelles, **Jupiter sera en harmonie avec votre ascendant jusqu'au 27 août :** vous aurez plus d'influence sur votre entourage, plus de mobilité également ; votre activité pourrait vous amener à vous déplacer fréquemment, à ne pas rester scotché à votre bureau ! Les relations avec une clientèle, de même que l'expression orale ou écrite, seront également favorisées. Des petits flirts, des rencontres amusantes, des week-ends de détente vous seront aussi proposés.

Mars sera votre serviteur du 21 avril au 17 juin : vous pourrez entamer une formation, faire un stage ou des études qui vous apporteront beaucoup. On risque de vous proposer une nouvelle mission, un voyage d'étude, ou encore de vous donner raison dans un conflit, voire un procès. Et d'autant plus si vous êtes, encore une fois, né en décembre. Vous vous sentirez plus à l'aise dans vos choix et décisions et serez écouté si vous devez vous exprimer. Profitez bien de cette période car, dès le 17 juin, Mars entamera une dissonance avec la première partie de votre signe ascendant, et sa rencontre fréquente avec Uranus sera très électrique pour ceux qui ont l'ascendant sur les premiers degrés des Gémeaux : **attendez-vous à du remue-ménage, à des changements ou de brusques revirements de situation.** Et ce sera encore plus remuant lorsque Jupiter viendra s'opposer à ces deux planètes à partir de fin août : vous serez dans un contexte relationnel probablement un peu difficile à gérer et aurez du mal à voir clair ou à prendre les décisions qui s'imposent. La fin de l'année sera marquée, pour certains, par une sorte d'injustice contre laquelle ils devront lutter. Mais toutes ces tendances seront adoucies par l'harmonie de Jupiter, Mars et Uranus avec votre signe solaire.

♋ ASCENDANT CANCER

L'événement de cette année 2003 sera le démarrage d'un nouveau cycle de vingt-neuf ans, avec l'arrivée de Saturne dans votre signe ascendant au mois de juin. La planète n'a pas bonne réputation, et je vois d'ici votre mine consternée ! Cependant, d'une part ne seront concernés directement que ceux dont l'ascendant est situé dans la première partie du signe, et d'autre part il faut savoir que Saturne en Cancer est en exil, c'est-à-dire que sa « puissance » est amoindrie et que ses

« effets » sont minorés. Cela ne veut pas dire que vous n'évoluerez pas dans un climat de rigueur, que vous ne serez pas confronté à des problèmes d'ordre moral, ou même à des renoncements dictés par la raison. Mais, comme nous l'avons vu plus haut, d'autres planètes viendront vous soutenir, pour faire de cette configuration quelque chose de positif pour votre évolution. De plus, en tant que Capricorne, vous êtes de nature saturnienne et les climats induits par cette planète ne vous font pas peur, au contraire !

Dès février, c'est donc **Uranus (changements, progressions) qui entrera dans le signe ami des Poissons, qu'il occupera pendant de longues années.** Pendant tout ce temps, vous aurez la possibilité de faire des expériences nouvelles, de vous ouvrir davantage aux autres, de vous créer un nouvel entourage, ou de vous adapter à un environnement mouvant. Certains auront l'occasion de reprendre des études, ou de changer d'activité pour leur plus grande satisfaction, voire d'en exercer une supplémentaire. D'autres se prépareront à entamer des études très spécialisées et enrichissantes. Seuls les premiers degrés du Cancer seront concernés cette année, et avec l'aide de Saturne les changements prévus seront certainement structurants, tout en prenant plus de temps pour se produire. Mais vous en profiterez pendant de longues années !

Jupiter, planète attribuée à la chance, se mettra elle aussi à vous sourire à partir de la fin du mois d'août : elle occupera alors un secteur de communication et d'échanges ; si vous êtes dans le commerce, voire dans un métier de communica-

tion, cette configuration sera très positive et vous permettra d'avoir plus d'influence sur votre environnement immédiat. Vous vous exprimerez, serez écouté et votre bon sens fera merveille ; il est même possible qu'on vienne vous consulter, vous demander des conseils.
Enfin, Mars (énergie, volonté) sera lui aussi très favorable à votre évolution : à partir du 17 juin, il entamera une longue boucle en Poissons où il croisera la route d'Uranus, tout en formant un bon aspect avec Saturne. Jusqu'au 16 décembre, il vous permettra de donner une belle impulsion aux changements dont il a été question, et même de vous battre avec ardeur pour défendre vos idées, vos opinions, voire quelqu'un de votre entourage... Si vous devez passer des examens, commencer un travail d'écriture ou entrer en polémique avec un confrère, vous partirez gagnant ! Mais cela ne concernera que ceux dont l'ascendant occupe la première partie du Cancer, c'est-à-dire tout le premier décan et une moitié du deuxième. Et ce n'est qu'en novembre que Mars atteindra le reste du signe et donnera la pêche à ceux dont l'ascendant se situe dans la seconde partie du Cancer.
Notez que Vénus traversera le Cancer du 5 au 29 juillet, période particulièrement favorable pour vos amours et surtout pour faire des rencontres sérieuses et durables, bien qu'un peu compliquées au départ !

♌ ASCENDANT LION

Depuis août 2002, Jupiter trône dans votre signe ascendant et contribue certainement à décupler votre confiance en vous, votre volonté de vous imposer et de briller. Et comme il forme de bons aspects avec Pluton, vous vous enrichissez, matériellement ou spirituellement ! Vous allez en bénéficier jusqu'à la fin du mois d'août, sauf si votre ascendant se situe au tout début du Lion : Jupiter est déjà passé, hélas ! En revanche, s'il se trouve après le huitième degré, vous pourrez continuer à entreprendre, et à réussir avec brio. Par ailleurs, vos amours seront au top et certains pourraient passer devant monsieur le maire ! Surveillez toutefois l'opposition de Jupiter avec Neptune à partir de fin février, elle durera jusqu'à la mi-juin et pourrait être à l'origine d'un excès de confiance en vous, ou en l'autre. Résultat, **vous risquez de vous tromper, d'avoir la « grosse tête » ou encore de vous faire manipuler par un partenaire.** Surveillez également les liens de dépendance avec un objet ou une personne ! Après le 27 août, Jupiter investira votre secteur des finances pour un an, tout en étant en harmonie avec votre signe solaire : prévoyez d'intéressantes rentrées, un achat d'envergure ou une belle reconnaissance professionnelle.

A priori, Saturne et Uranus n'auront pas de rapport avec votre ascendant, Uranus passant à partir du 10 mars dans un secteur lié à vos transformations intérieures. En revanche, Mars (énergie, actions) sera en bonne harmonie du 17 janvier au

4 mars, période au cours de laquelle vous aurez encore plus de chances de réussir vos entreprises ; la première partie de février sera particulièrement dynamique. **Ensuite, du 21 avril au 17 juin, mars s'opposera à votre ascendant, ce qui risque de provoquer des petits conflits avec un ou des partenaires** (à propos d'argent ?). À moins que vous ne commenciez un nouveau travail collectif, ou que vous n'intégriez une nouvelle équipe. Après le 17 juin, Mars entamera une boucle dans un secteur de crise, et un problème de communication se présentera (probablement avec un proche), que vous ne pourrez pas régler rapidement — en tout cas pas avant le mois de novembre. Vos finances pourraient être concernées, un problème d'héritage, par exemple, ou un bien à vendre.

Côté forme, la présence de Saturne à l'opposé de votre signe et dans votre secteur XII (à partir du mois de juin) risque de vous fatiguer ou d'affaiblir vos défenses immunitaires. Attention aux grippes et autres maladies virales...

Côté cœur, vous pourrez compter sur la présence de Vénus dans votre ascendant du 29 juillet au 22 août : une excellente configuration pour passer des vacances amoureuses, ou tout du moins extrêmement agréables ! Elle sera d'ailleurs dans le voisinage de Jupiter la semaine du 18, qui sera celle d'une belle rencontre amoureuse pour ceux dont l'ascendant occupe le troisième décan du Lion.

♍ ASCENDANT VIERGE

Beaucoup d'événements, et pas des moindres, au menu de cette année ! Surtout si votre ascendant se trouve dans la première partie du signe de la Vierge... La seconde partie sera, quant à elle, un peu ennuyée par Pluton : sa dissonance obligera certains à faire table rase du passé et à se reconstruire une nouvelle vie ! C'est un aspect exigeant, qui vous poussera dans vos retranchements ; ceux qui l'ont déjà vécu s'en souviennent certainement ! De plus, Saturne termine sa dissonance avec la Vierge et, jusqu'en juin, il vous freinera encore, en particulier si votre ascendant occupe le troisième décan du signe : un choix à faire, des responsabilités trop lourdes à assumer, bref un climat de rigueur que vous connaissez, puisqu'il vous a déjà été imposé en 2002. Fort heureusement, Saturne est votre maître et ses aspects ne vous font pas peur ! De plus, il s'en va donc au mois de juin et formera immédiatement un angle favorable pour ceux dont l'ascendant se trouve au début du signe ! **Il leur permettra de compter sur leurs amis et même de se créer un nouvel entourage.** Une installation à l'étranger peut être envisageable dans quelques cas.

Au chapitre des nouveautés, tout d'abord Uranus : la planète des bouleversements, des remises en cause, change de signe en mars et investit le signe qui s'oppose à votre ascendant, les Poissons. **Seul le premier décan de la Vierge sera concerné par de probables tensions avec des partenaires professionnels,**

ou affectifs. Il y aura un grand besoin de liberté, de l'instabilité dans l'air, une situation difficile à cerner ou des personnages fuyants. Et ce d'une manière répétitive pendant plusieurs mois. Deux planètes vont venir accentuer le défi uranien : tout d'abord Mars (énergie, actions), qui formera une boucle lui aussi au début des Poissons à partir du 17 juin ; et c'est encore une fois la première partie de la Vierge qui sera « visée », et sans ménagement ! L'association entre Mars et Uranus est généralement très électrique, mais comme elle a lieu dans un signe d'eau, cela pourrait faire l'effet d'un pétard mouillé ! S'il y a rupture brusque d'une union, par exemple, elle ne sera pas définitive et connaîtra plusieurs rebondissements. **À Mars s'ajoutera Jupiter (chance), qui entrera dans votre signe ascendant le 27 août.** Un nouveau cycle de douze ans se mettra alors en place. Il apportera d'importantes modifications dans votre vie relationnelle, d'autant plus que Vénus accompagnera Jupiter lors de son entrée dans le signe ! Et c'est encore une fois la première partie qui sera concernée par un soudain revirement dans le domaine affectif — apparemment positif, surtout si vous êtes né en décembre.

Auparavant, du 5 au 20 février, méfiez-vous de la conjonction entre Mars et Pluton qui pourrait provoquer une situation de crise pour certains d'entre vous, ou les exposer à une bonne grippe !

À noter : une des boucles de Mercure se fera en Vierge du 30 juillet au 7 octobre, et l'on sait que les rétrogradations de cette planète sont à l'origine de préoccupations récurrentes :

relation difficile avec un proche, petits troubles de santé (intestins, en l'occurrence) ou encore excès de travail sont parmi les interprétations possibles de cette conjoncture, néanmoins positive pour le Capricorne puisqu'elle vous permettra de faire progresser vos affaires commerciales, d'enrichir vos connaissances ou de diffuser un savoir.

♎ ASCENDANT BALANCE

Depuis de longues années, votre signe ascendant ne reçoit que des bons aspects, et vous avez sûrement connu de belles progressions, que ce soit dans votre vie sentimentale ou professionnelle. **Depuis août 2002, Jupiter dynamise vos projets et vous met au contact de personnes susceptibles de vous aider à progresser davantage**. Des opportunités chanceuses pourraient même être au programme depuis quelques mois. Et ce climat va s'accentuer dans le premier semestre de 2003, Jupiter continuant à vous regarder avec bienveillance. Mais vous allez perdre deux alliés de poids : tout d'abord Uranus (changements, progressions), qui entrera le 10 mars dans le signe des Poissons, associé pour votre ascendant au travail quotidien et aux contraintes qui y sont liées. Toutefois, si vous étiez quelqu'un de très, voire trop absorbé par votre travail, grâce à Uranus vous pourriez vous découvrir une passion pour une nouvelle activité, qui vous libérera de certaines règles de vie (horaires, par exemple) qui vous étaient imposées jusque-là. **Mais cela vous demandera des efforts, illustrés par l'arrivée de Saturne à l'opposé de votre signe solaire au mois de juin.** Votre ascendant sera concerné par une dissonance de cette planète qui vous demandera de cette planète beaucoup, notamment des efforts auxquels vous n'êtes pas habitué : c'est une situation un peu contrariante pour les personnes marquées par la Balance, donc avides de paix et d'harmonie. Toutefois, les choses ne sont pas simples à interpréter, puisque votre signe solaire sera également concerné, et autant vous apprendrez beaucoup grâce aux bons aspects de Saturne et d'Uranus avec le Capricorne, autant vous aurez du mal à gérer les leçons et surtout les responsabilités proposées par ailleurs. Car Saturne occupera un secteur très important de votre thème, celui de la carrière et des buts poursuivis. Certains auront un choix difficile à faire, d'autres devront renoncer à une activité, ou « supporter » pendant plusieurs mois un supérieur difficile. Un long travail de recherche, des études et un diplôme difficiles pourraient aussi faire partie des réjouissances...

Par ailleurs, Jupiter quittera le signe du Lion et entrera le 27 août chez votre voisin la Vierge. Il se mettra ainsi dans l'ombre de votre ascendant, vous abandonnant pendant un an. Toutefois, je vous rappelle qu'il sera en bonne harmonie avec votre signe solaire, surtout si vous êtes né avant le 11 janvier. Mars, qui représente votre énergie et vos actions, sera favorable du 17 janvier au 4 mars, vous invitant à vous déplacer plus fréquemment et à vous exprimer en toute franchise ;

parfois même trop ! Il sera également bien disposé du 21 avril au 17 juin, permettant à certains d'obtenir un petit succès ou de créer quelque chose. Mais à partir du 17, il entamera une boucle dans votre secteur du travail, boucle qui ne se terminera qu'en décembre et qui vous demandera vraiment de la discipline si vous voulez pouvoir faire front à toutes vos obligations.
Quant à Vénus, elle traversera agréablement votre signe ascendant du 15 septembre au 9 octobre.

♏ ASCENDANT SCORPION

Mars, votre maître d'ascendant, occupera précisément votre ascendant jusqu'au 17 janvier, accentuant votre besoin d'action et provoquant un peu de remue-ménage lors de sa dissonance avec Uranus, la semaine du 6. Il faudra rester zen, ne pas prendre de décision impulsive, ou affronter un petit ennui de santé ! Des efforts en perspective, qui coûteront beaucoup à certains, mais sur une très courte période — deux ou trois jours tout au plus.
Si votre ascendant occupe la première moitié du signe, cette année sera incontestablement très excitante ! Vous pourrez connaître des succès et même une belle progression, à la fois dans votre vie amoureuse et dans votre vie professionnelle.
La première partie de l'année sera marquée par l'entrée d'Uranus (changements, expériences nouvelles) dans le

signe ami des Poissons, alors que depuis de longues années il envoyait une dissonance à votre ascendant ! Ce signe représente vos sentiments de toute nature et votre manière de les exprimer. Certains pourraient donc expérimenter un nouvel amour, ou une nouvelle forme d'amour : amitié, amour filial ou passion amoureuse... En outre, l'arrivée d'un enfant ou d'un petit-enfant est plus que probable pour certains d'entre vous. Une nouvelle liberté dans votre façon de vous affirmer fera également partie du paquet cadeau.

Par ailleurs, jusqu'au 27 août, Jupiter vous demandera de prendre davantage de responsabilités dans votre vie professionnelle, ou de vous intégrer davantage à la vie de votre famille ou de votre communauté ; mais vous devrez veiller à ne pas vouloir imposer votre point de vue à tout prix et devrez moduler des tendances parfois trop autoritaires ! Après le 27 août, la planète investira votre secteur des projets et des relations amicales, et **la chance sera certainement au rendez-vous pendant au moins un an.** Vous pourriez vous découvrir une nouvelle passion, ou vous spécialiser dans un domaine précis et en retirer des bénéfices matériels. **À partir de juin, c'est Saturne qui se mettra lui aussi à votre service** et vous donnera le courage et la détermination nécessaires pour aborder une formation de longue durée ou des études supérieures. Constatant qu'il vous manque quelque chose pour être au top niveau, vous déciderez de mettre toutes les chances de votre côté ! Et si ce n'est pas votre cas, vous pourrez utiliser positivement le

savoir-faire que vous avez déjà acquis et obtiendrez la reconnaissance de vos pairs.
Quoi qu'il en soit, vous pourrez compter sur une rentrée très excitante ! De plus, Mars sera longuement en harmonie avec votre ascendant, et ce à partir du 17 juin : formant une boucle dans le secteur des plaisirs, des loisirs et des enfants, il vous donnera une belle énergie pour réussir ce que vous entreprendrez dans ces domaines ; les efforts que vous fournirez seront payés de retour ! Enfin, sachez que **Vénus traversera votre ascendant entre le 9 octobre et le 1er novembre,** et les aspects qu'elle formera laissent à penser que vous pourrez avoir confiance dans les sentiments de votre partenaire et faire évoluer votre couple sur des bases solides.

♐ ASCENDANT SAGITTAIRE

En tout début d'année, du 17 janvier au 21 avril, **Mars (énergie, efforts) traversera votre signe ascendant,** ce qui devrait vous permettre de commencer quelque chose : un travail, un combat, une entreprise particulière. Vous aurez une grande confiance en vous et cette assurance sera très positive, surtout début février, qui sera particulièrement favorable aux prises de décision. Mais attention à la nervosité, à l'impatience, et pas de précipitation ! Protégez-vous également des microbes, une grippe pourrait vous tomber dessus... **Par ailleurs, jusqu'au 27 août, Jupiter (votre maître d'ascendant)**

vous regardera avec bienveillance et vous permettra d'élargir votre champ d'action, de découvrir de nouveaux territoires (réels ou intellectuels). On vous proposera peut-être de nouvelles missions, assorties parfois de voyages à l'étranger, à moins que vous ne fassiez une formation enrichissante ou que des études ne vous passionnent. Ceux dont l'ascendant se trouve dans le milieu du signe connaîtront des moments très réparateurs et probablement chanceux financièrement, même si la présence de Pluton dans votre ascendant n'est pas toujours facile à assumer, cette planète étant exigeante sur l'honnêteté et l'authenticité de vos actes ou sentiments ! Mais elle peut représenter aussi des moments très forts où votre personnalité profonde s'exprime en toute indépendance. Vous devrez tout de même surveiller une tendance croissante à l'autorité ! L'achat d'une maison accaparera certains, qui devront se montrer très méfiants sur la nature de leur achat ou l'honnêteté du vendeur...

Par ailleurs, Saturne continuera jusqu'en juin à s'opposer au troisième décan du Sagittaire, lui demandant de consolider un lien ou au contraire d'accepter de provisoires moments de solitude. Certains auront envie de s'engager sérieusement et feront ce qu'il faut pour rencontrer la personne qui s'approche le plus de leur idéal. En revanche, il est également possible qu'un(e) partenaire vous pèse, vous empêche d'être vous-même ou remette vos liens en question.

Si votre ascendant occupe les premiers degrés du Sagittaire, vous serez parmi les moins gâtés cette année. D'abord, c'est

Votre année 2003

Uranus qui entrera le 10 mars dans un signe qui n'est pas en bonne harmonie et vous déstabilisera : vous devrez rompre un lien du passé, que ce soit un membre de la famille, une maison ou un endroit où vous êtes longtemps resté. Vous aurez un peu de temps devant vous pour accomplir cette coupure, bien sûr, mais les choses ne seront pas simples. D'autant plus **que Mars rejoindra Uranus à partir du 17 juin, servant d'accélérateur à cette situation.** Il se pourrait que vous soyez sur des charbons ardents, ce qui n'arrive pas souvent au Capricorne que vous êtes ! On pourrait aussi vous demander de prendre une décision rapide... Mais la planète formera une boucle qui durera jusqu'au 16 décembre, et vous en aurez pour de longs mois avant de savoir dans quelle direction aller. De plus, Jupiter investira le 27 août un signe qui n'est pas non plus en très bonne harmonie avec votre ascendant, la Vierge, et des contraintes d'ordre moral ou venant de supérieurs (voire de parents) viendront s'ajouter aux autres. Il est donc évident que cette année 2003 ne sera pas facile pour certains d'entre vous, qui auront du mal à tout gérer, surtout au mois de septembre.

♑ ASCENDANT CAPRICORNE

Vous commencez cette année avec un Jupiter très positif dans votre secteur des ressources et des finances. Jusqu'au 27 août, vos chances d'améliorer votre trésorerie, ou de l'assainir, seront décuplées. Ce sera également le bon moment, si vous avez des problèmes psychologiques, pour faire preuve de lucidité sur vous-même et mieux vous comprendre. Votre sexualité pourrait aussi être stimulée par cette configuration. D'ailleurs, **Vénus (amour) traversera votre signe ascendant** du 4 février au 2 mars, ce qui vous incitera à faire du charme, à être plus accessible aux choses de l'amour. Et si ce n'est pas le cas, ce sont des succès professionnels et financiers, ou pour vous pour une personne que vous aimez, qui seront sources de plaisir ! D'autant que la planète occupera précisément le secteur de votre thème, qui correspond aux partenaires affectifs. **Mars (énergie) traversera également le Capricorne du 4 mars au 21 avril,** période particulièrement propice pour consolider vos résultats et vous consacrer à fond à l'avancement de votre carrière ou au démarrage d'une nouvelle mission. Certains pourraient toutefois avoir à lutter : rivalités, jalousies, collègues ou supérieurs exigeants figureront parmi les difficultés que vous pourriez rencontrer. Vous aurez peut-être l'impression d'être pressé par le temps, à moins que la situation ne provoque en vous fièvre et impatience ! Un choix à faire, une décision à prendre pourraient également faire partie des réjouissances. Surveillez votre santé pendant la période, vous pourriez avoir à lutter contre un microbe quelconque.

Par ailleurs, Uranus (changements, progressions), qui vous ignorait depuis de longues années, entame le 10 mars la traversée d'un signe ami, les Poissons. Si votre ascendant se situe au début du Capricorne, vous en bénéficierez cette année : un nouvel entourage (ou une nouvelle clientèle pour certains) pourrait se mettre en place, à moins que vous n'ayez à votre disposition un nouveau moyen d'expression. En tout cas, c'est un point très positif pour vous, en particulier dans le domaine de la communication. Si vous êtes de ceux qui sont timides et qui ont du mal à entrer en relation avec les autres, Uranus vous aidera à vous décoincer ! Ses « effets » seront activés, et même démultipliés, par la boucle que Mars entamera le 17 juin et qui se terminera le 16 décembre ! Il passera et repassera sur Uranus, aspect qui a la réputation d'être un peu explosif : quelque chose d'imprévu vous obligera à vous adapter à de nouvelles conditions, et surtout à vous exprimer !

Saturne, votre maître d'ascendant, changera lui aussi de signe et s'installera à partir de juin dans le signe opposé au Capricorne, le Cancer. Ça ne sera probablement pas du goût de certains, car cette configuration réveillera de vieux démons qui sommeillent : la peur d'être abandonné ou rejeté par exemple. Et c'est principalement au plan relationnel que Saturne sera actif : au négatif, prévoyez des difficultés avec un(e) partenaire, un sentiment de solitude, la fin possible d'une relation... Alors qu'au positif une rencontre très sérieuse, mais comportant des obstacles, peut s'annoncer. Heureusement, à partir du 27 août, Jupiter sera votre allié et vous permettra de prendre de la distance, d'avoir une plus grande confiance en vous. Mais, parfois, cela ne suffira pas à vous rassurer, les aspects de Saturne vous mettant dans la crainte de l'échec.

♒ ASCENDANT VERSEAU

La première planète à traverser votre signe ascendant cette année sera Vénus (amour) : du 2 au 27 mars, elle placera vos sentiments au premier plan, avec des rencontres, des coups de foudre pour les uns, ou un nouveau départ dans votre vie amoureuse. Pour les autres, il y aura quelques petites difficultés à affronter, mais rien de grave ! Dans l'ensemble, vous pourrez exercer votre pouvoir de séduction et même obtenir des succès flatteurs, surtout la semaine du 17.

Ensuite, du 21 avril au 17 juin, c'est Mars qui traversera votre ascendant, vous donnant la pêche (en principe !). Vous serez impatient, prompt à agir et à réagir. Mais vous devrez canaliser une tendance à la précipitation et vous méfier des microbes qui traînent. Vous pourriez également avoir à vous défendre contre une personne jalouse ou en rivalité avec vous.

Dans un autre registre, **Uranus, votre maître d'ascendant, vient de passer de longues années dans son signe, le Verseau : il le quittera en mars** et ne reviendra que pour quelques semaines au dernier trimestre. Si votre ascendant se trouve à la fin du signe, il est encore temps d'effectuer les prises de conscience et les changements exigés par cette planète... Encore plus que les autres, vous devez faire un pas en avant et donner une direction différente à votre existence !

Dès le 10 mars, Uranus intégrera un secteur attribué à l'argent (par rapport à votre ascendant) et à vos possessions : c'est probablement ce domaine qui connaîtra les plus gros changements, ou les plus fortes tensions dans les années à venir. Ce sera encore plus sensible si des planètes de votre thème occupent le début du Verseau.

Par ailleurs, Jupiter fera face à votre signe ascendant jusqu'à la fin du mois d'août, mettant le projecteur sur les relations de couple (rencontres, mariages, séparations), ainsi que sur les engagements ou procès. Certains pourraient signer un contrat en or, surtout si leur ascendant occupe le deuxième décan du Verseau. Après le 27 août, Jupiter occupera le secteur dévolu aux héritages, aux opérations financières et aux crises porteuses de transformations. Une somme importante, ou une situation de crise, sera certainement en question fin août, début septembre. **Cette configuration sensible sera décuplée par la boucle de Mars (énergie) en Poissons :** il passera et repassera sur Uranus, vous mettant dans l'obligation de défendre quelqu'un ou quelque chose vous appartenant. Vous serez probablement en ébullition ! Quant à Saturne, votre second maître d'ascendant après Uranus, il atteindra en juin votre secteur du travail : c'est dans ce domaine que vous pourrez vous créer des bases solides, non sans vous mobiliser à fond ! Mais vous devrez faire attention à ne pas vous laisser ralentir par la crainte de l'échec ; certains devront renoncer à un engagement ou à un partenariat.

Une mention spéciale pour ceux dont l'ascendant occupe le deuxième décan du signe : Neptune y trône et, avec cette planète, il est possible que des tendances mystiques fassent leur apparition dans votre vie, accompagnées (ou non) d'un excès d'idéalisme. Certains auront le désir irrépressible de se dévouer aux autres, peut-être à une cause humanitaire, ou de s'éloigner de l'aspect matériel des choses. Pour d'autres, il sera question de dépendance à une personne, à un objet ou à un produit, dans le dessein inconscient de fuir une certaine réalité. Il pourrait même y avoir, dans de rares cas, une forme de dépression.

♓ ASCENDANT POISSONS

Votre ascendant est le signe événement de cette année 2003 ! En effet, Uranus, planète associée aux changements, aux progressions, aux révélations sur vous-même, y fait son entrée le 10 mars, alors qu'il n'y est pas venu depuis quatre-vingt-quatre ans ! Vous le savez déjà si vous êtes né en décembre : avec Uranus, c'est un processus libérateur qui va se mettre en place, et vous devez prévoir du mouvement, autant intérieurement qu'extérieurement ! Vous serez mis au défi de prendre votre indépendance, dans le domaine professionnel ou sentimental (selon votre thème) et, dans certains cas, vous n'aurez pas d'autre solution. Or, cela est un défi pour les Poissons, qui ont tendance à créer des liens de dépendance, parfois très fusionnels. La planète n'occupera que les deux premiers degrés des Poissons, et ce sont donc ceux dont l'ascendant est au tout début du signe qui affronteront probablement un vrai bouleversement... Surtout en juin, quand Mars viendra rejoindre Uranus et formera une longue boucle dans son voisinage. **Cette configuration, un peu explosive, sera démultipliée fin août par l'arrivée de Jupiter dans le signe opposé à votre ascendant, la Vierge.** Ce sont très certainement vos engagements de toute nature qui seront en question, et vous aurez du mal à gérer la situation, un lien pouvant voler en éclats !

Par ailleurs, Saturne cessera d'ennuyer le troisième décan de votre ascendant à partir du mois de juin et se mettra à votre service, mais de manière ambiguë si vous êtes de la première partie du Capricorne : vous pourrez vous reposer sur ceux que vous aimez, voire sur vos enfants, tout en étant obligé de remettre un lien en question. En tout état de cause, votre courage et votre réputation grandiront, vous aurez de vous-même une image plus valorisante. Un équilibre pourrait s'installer, certes fragile pour certains d'entre vous. Si votre ascendant occupe le troisième décan du signe, soyez encore patient jusqu'en juin et essayez de tourner la page sur un passé qui vous empêche de progresser.

Vénus (amour) traversera les Poissons du 27 mars au 21 avril et rencontrera Uranus dès son entrée dans le signe. Ce qui est synonyme de coup de foudre dans le meilleur des cas, ou de rupture dans le pire ! C'est donc très probablement votre vie affective qui sera concernée tout au long de cette année. Si vous avez le coup de foudre pour quelqu'un, soyez extrêmement prudent car vous vous engagerez dans quelque chose de compliqué et qui risque de bouleverser votre vie. La relation ne sera pas stable, en tout cas dans son début, et connaîtra de nombreuses remises en question. Si vous êtes en couple, celui-ci sera fragilisé par la conjoncture et il risque d'éclater si vous ne gérez pas intelligemment cette crise. La rentrée de septembre sera particulièrement importante, dans la mesure où vous aurez un choix à faire.

L'année mois par mois

Janvier

Des projets

A M B I A N C E Bon anniversaire à tous ! Vous commencez cette année avec un bon aspect de Mars (énergie, volonté), qui occupe un secteur lié aux projets et aux amitiés. **Vous aurez certainement quelque chose en cours,** dans un domaine ou dans un autre. L'espoir est là et pour une fois vous avez envie d'accélérer le mouvement ! **Vous pourrez compter sur des soutiens actifs** pour vous aider à atteindre vos objectifs. Né après le 10 janvier, vous serez encore plus tourné vers l'avenir que les autres.

P E R S O Vénus (amour, plaisirs) favorise le troisième décan (né après le 10), mais seulement pendant les premiers jours du mois : **une amitié amoureuse pourrait vous faire battre le cœur ;** en couple, votre partenaire aura besoin d'un peu de fantaisie, alors acceptez les invitations ou provoquez des sorties. Après le 7, Vénus se place à l'ombre de votre signe et vous fait **apprécier votre solitude si vous êtes célibataire.** En revanche, il y aura un certain détachement si vous êtes en couple, mais très provisoire.

BOULOT Mercure (travail, échanges) a entamé le mois dernier une boucle (aller et retour) dans votre signe. C'est important pour certains d'entre vous, qui auront **une affaire délicate à régler ou qui attendront une réponse.** Autres interprétations possibles : un problème avec un proche, une surcharge provisoire de travail, ou encore des petits maux répétitifs qui vous gênent au quotidien. À partir du 18, **n'essayez pas d'imposer vos volontés de manière autoritaire :** suggérez au lieu d'ordonner, vous obtiendrez de meilleurs résultats.

GROS PLAN **Saturne, votre planète maîtresse,** est en harmonie avec Uranus (renouveau) tout au long de cette année. Il est clair que vous serez conduit à changer vos structures ou vos valeurs, et à évoluer positivement. Vous serez plus à l'aise que vous ne l'avez jamais été.

LA LUNE GÈRE VOS HUMEURS

À LA HAUSSE 3, 6, 11, 21, 22, 25

À LA BAISSE 9, 23

Février

Redoutablement efficace

A M B I A N C E Vous vous investirez à fond dans tout ce que vous ferez, développant un perfectionnisme et une efficacité redoutables. **Aucun problème ne restera sans solution, car votre sens pratique se verra décuplé !** Débridée, votre énergie s'exercera tous azimuts, mais vous avez intérêt à la canaliser si vous ne voulez pas l'épuiser rapidement ! La nouvelle lune du 1er mettra l'accent sur vos finances : **une rentrée bienvenue pour les uns,** un achat d'envergure pour les autres. En toute circonstance, pensez à vos intérêts personnels.

P E R S O Vénus occupera votre signe à partir du 4 et pour tout le reste du mois. Né en décembre, vous en profiterez jusqu'au 13, accentuant votre besoin d'aimer et d'être aimé : **une rencontre est possible,** mais, dans certains cas, il faudra faire **attention aux désaccords.** Pour le deuxième décan, du 13 au 22, même ambiance, qui peut être tout autant chaleureuse que conflictuelle, selon votre thème de naissance Enfin, troisième décan après le 22 : Vénus sera votre alliée pour conserver (ou rétablir) l'équilibre dans votre couple. Prévoyez aussi une rencontre si vous êtes célibataire.

BOULOT Mercure terminera sa boucle le 13, non sans vous avoir **permis de régler ce qui vous préoccupait le mois dernier.** Né après le 7 janvier, prévoyez de nombreux contacts, des rendez-vous et un travail très prenant. Après le 13, Mercure occupera votre secteur de l'argent : vous serez amené à **penser à une utilisation ou à une répartition différente de vos rentrées.** Pour toute décision, attendez le mois prochain que Mars intègre votre signe, vous pourriez faire un choix que vous regretterez par la suite.

GROS PLAN **Né les 22, 23 ou 24 décembre,** vous devez déjà sentir l'aspect positif d'Uranus qui vous donne plus de liberté pour vous exprimer ou pour vous imposer au sein d'un nouvel entourage, qu'il soit professionnel ou familial.

LA LUNE GÈRE VOS HUMEURS

À LA HAUSSE 3, 8, 9, 17, 21, 22

À LA BAISSE 5, 19

Mars

Un mois sur les chapeaux de roue !

A M B I A N C E Vous n'êtes généralement pas de ceux qui se dispersent, qui commencent mille choses sans les mener à leur terme... Pourtant, ce mois-ci, vous ne pourrez pas faire autrement, tant vous serez occupé. **De nouveaux dossiers, un petit job supplémentaire, des clients en plus :** vous verrez votre intérêt, ce que cela vous rapporte, et le reste n'aura pas d'importance. Votre entourage vous reprochera de ne pas être assez présent et même d'être injoignable. Mais **avec Mars dans votre signe, votre volonté et vos ambitions n'auront pas de limites !**

P E R S O Vénus occupera un secteur matériel de votre thème, qui sera favorable à vos intérêts. **Vous vous sentirez plus à l'aise et aurez envie de vous faire des petits plaisirs :** un vêtement, des objets pour la maison, des livres... Côté cœur, vous pourriez être victime de la jalousie ou de la possessivité de votre conjoint ; à moins que vous ne vous conduisiez en propriétaire ! En tout cas, vous aurez **besoin de sécurité affective,** mais il vous sera difficile de l'obtenir ! En effet, les comportements de l'autre n'iront pas dans le sens de vos désirs.

B O U L O T Donc Mars traversera votre signe à partir du 4 et **rien ne vous résistera** (sauf si la fièvre vous oblige à rester chez vous !). C'est le bon mois pour **lancer une entreprise**, vous obtiendrez des crédits ; ou pour prendre une décision importante, on vous appuiera. Mais il peut aussi y avoir **des moments de colère**, de bagarres, de rivalités... Et puis vous aurez certainement beaucoup de travail et, comme vous ne faites pas les choses à moitié, vous serez vite submergé !

G R O S P L A N À partir du 21, le Soleil et Mercure se donnent la main pour occuper un secteur important de votre thème : il ne fera pas bon vous contrarier et marcher sur vos plates-bandes. Évitez de vous énerver après vos proches, même si vous êtes débordé.

LA **LUNE** GÈRE
VOS **HUMEURS**

À LA HAUSSE 2, 7, 8, 16, 17, 20, 29

À LA BAISSE 4, 12, 18

Avril

Quelle pêche !

A M B I A N C E La nouvelle lune du 1er est très dynamique, mais elle vous demande beaucoup ! **Il faudra sortir de votre réserve, prendre peut-être une décision concernant votre travail** ou un projet qui vous tient à cœur. Votre énergie sera tellement mobilisée que vous aurez du mal à garder votre calme ! Mais vous serez bien secondé et, **au final, vous serez content de vous.** À votre manière, bien sûr, car le Capricorne est rarement comblé, l'insatisfaction est son moteur ! Pour certains, attention aux allergies et autres petits maux répétitifs.

P E R S O La planète de l'amour sera à votre service jusqu'au 21 du mois. **Tous vos échanges seront favorisés, de même que vos relations avec votre entourage proche.** Vous aurez envie de vous amuser, de flirter un peu et serez probablement séduit par quelqu'un de plus jeune que vous... **En couple, l'harmonie passera par le dialogue :** acceptez les discussions, même si vous n'êtes pas très bavard de nature. Après le 21, vous aurez envie de donner de nouvelles couleurs à votre logement.

B O U L O T Mercure entame une boucle dans un signe ami, qui durera jusqu'au 13 juin. Ce sera **une période extrêmement favorable à vos affaires,** et le travail que vous effectuerez vous plaira. Vous serez même **valorisé par vos résultats** ou en retirerez des bénéfices financiers importants. Une création pourrait également être au programme, voire une future naissance. Mars vous donnera une volonté de fer jusqu'au 21 et, après cette date, c'est le domaine des finances qui mobilisera votre énergie.

G R O S P L A N **Début du troisième décan,** c'est-à-dire né autour du 10 janvier, c'est vous qui bénéficierez le plus de la boucle de Mercure ce mois-ci : vous aurez les faveurs de personnes importantes et serez en position de force pour négocier ou imposer vos idées. Soyez créatif, sortez des sentiers battus, ayez de l'audace !

LA LUNE GÈRE VOS HUMEURS

À LA HAUSSE 3, 9, 13, 17, 25, 26

À LA BAISSE 1, 8, 28

Mai

Quelques succès flatteurs

A M B I A N C E La nouvelle lune du 1er est totalement en harmonie avec votre signe et annonce **une quinzaine propice aux succès,** surtout dans le domaine professionnel. Mais vos enfants peuvent aussi être concernés par une conjoncture très dynamique, qui vous incite à les pousser en avant parce que vous voulez être fier d'eux ! **Les finances feront également partie de vos priorités,** probablement parce que vous investirez dans votre résidence, ou dans des locaux professionnels.

P E R S O Jusqu'au 16, vous serez **plus sensible et plus vulnérable que d'habitude** et chercherez à vous en protéger ; à moins que votre nature responsable ne vous pousse à veiller davantage sur ceux que vous aimez. En toute circonstance, **essayez d'atténuer les aspects un peu « ours » de votre personnalité,** ainsi que les comportements qui pourraient paraître agressifs aux yeux des autres, mais dont vous n'avez pas forcément conscience ! Après le 16, tout sera beaucoup plus facile et vous serez porté par **un excellent climat affectif.**

B O U L O T La boucle positive de Mercure se poursuit, favorisant toujours vos contacts, démarches et projets en cours. Ce mois-ci, ce sont les natifs de début janvier qui seront les mieux servis, surtout dans la seconde quinzaine du mois. **L'union de Mercure et de Vénus sera totalement en faveur d'une réussite** et même d'une rencontre importante pour votre avenir. On essayera toutefois de vous jeter de la poudre aux yeux, mais **vous ne vous laisserez pas abuser par les apparences (23, 24, 25).**

G R O S P L A N À partir du 21, le Soleil occupera votre secteur du travail et de la santé. Il formera une dissonance avec Uranus, qui risque de vous obliger à vous disperser momentanément, alors que ce n'est pas dans vos habitudes. Un souci avec un proche ou un collaborateur peut être en cause. À moins que vous ne soyez obligé de faire un traitement, un régime.

LA LUNE GÈRE VOS HUMEURS

À LA HAUSSE
1, 2, 6, 10, 11, 14, 23, 24, 28, 29

À LA BAISSE
12, 25

Juin

Saturne vous surveille !

A M B I A N C E L'ambiance sera sérieuse en début de mois, **le travail et les petites obligations du quotidien étant votre priorité.** De plus, si vous êtes né en décembre, Saturne change de signe et s'oppose à partir de ce mois à votre Soleil. Deux possibilités : au positif, vous devrez vous engager sérieusement et pour longtemps avec un partenaire, ou bâtir une solide association... Au négatif, votre conjoint vous pèsera ou au contraire vous manquera. Résultat, vous ne serez pas satisfait de votre relation de couple... Vous pourriez également craindre quelque chose.

P E R S O Vénus occupera le même secteur que le mois dernier et sera donc très positive jusqu'au 10. Elle atténuera l'ambiance « boulot-boulot » qui régnera et vous aidera à mieux supporter le stress du quotidien. **Côté cœur, vous n'aurez apparemment pas de contrariétés.** Après le 10, au contraire, vous aurez tendance à vous faire du souci pour ceux que vous aimez ou pour une personne en particulier. **À moins que vous ne rencontriez l'amour dans le cadre de votre travail.**

B O U L O T Mercure termine sa boucle le 13 et intègre lui aussi votre secteur du travail et de la santé. Si vous n'êtes pas en plein régime alimentaire (ou traitement), on peut dire que **vous serez submergé de boulot et de petites contraintes** : vous n'aurez pas de moments pour vous, votre emploi du temps ne comportant aucune case libre. **Veillez à ne pas vous laisser gagner par la nervosité,** surtout si vous êtes du mois de décembre. Mais il faut dire que vous serez particulièrement efficace dans votre travail !

G R O S P L A N **Né entre le 22 et le 27 décembre,** plusieurs planètes sont de votre côté, et même Saturne (sérieux, rigueur) pourrait se révéler particulièrement enrichissant, surtout si vous prenez en compte les aspects positifs de votre situation. Une nouvelle relation vous stimulera.

LA LUNE GÈRE VOS HUMEURS

À LA HAUSSE 6, 7, 11, 12, 19, 24, 25, 29

À LA BAISSE 9, 21

Juillet

Un engagement ?

A M B I A N C E Quatre planètes occuperont votre secteur des unions, associations, contrats, mais aussi des conflits, des procès. Au positif, **des engagements et même peut-être un mariage sont à prévoir,** ainsi que des négociations en vue d'un accord. Et si vous faites une rencontre au cours de ce mois, elle aura certainement des prolongements dans le temps. Au négatif, un procès, un conflit et **des difficultés dans les couples les plus fragiles sont à craindre.** Quant aux rencontres, elles seront entourées d'obstacles.

P E R S O À partir du 4, Vénus fera partie des planètes situées dans votre secteur des unions. C'est évidemment un élément très favorable, qui pourrait adoucir les éventuelles difficultés. **Pour certains, il y aura donc une rencontre importante,** même si elle comporte des obstacles ; la personne pourrait être plus âgée ou déjà engagée, par exemple. En particulier autour du 8, quand Vénus rencontrera Saturne. Le reste du temps, **prévoyez une vie sociale très agréable,** surtout si vous êtes en vacances.

B O U L O T Jusqu'au 13, Mercure sera également dans votre secteur des unions et associations, ce qui indique que **vous aurez certainement de nombreux rendez-vous et discussions** pendant la première quinzaine du mois. Soyez à l'écoute des autres et, si vous attendez une réponse, soyez patient ! Né après le 1er janvier, vous pourriez recevoir une proposition ou être entouré de personnes jeunes. Après le 13, il se peut que des questions de budget retiennent votre attention.

G R O S   P L A N **Né entre le 28 décembre et le 3 janvier,** Mars sera tout le mois en harmonie avec votre Soleil, augmentant votre résistance nerveuse. Par ailleurs, il pourrait y avoir de nombreux petits déplacements ou de fréquents rendez-vous concernant la même affaire. Un travail intellectuel ou une recherche peuvent également vous occuper.

LA LUNE GÈRE VOS HUMEURS

À LA HAUSSE : 4, 5, 8, 17, 18, 21, 22, 31

À LA BAISSE : 6, 19

Août

À la découverte de nouveaux horizons

A M B I A N C E Force, détermination, volonté de plier la réalité à vos désirs, tel sera le climat de ce mois. **Vous aurez besoin d'imposer votre vision des choses** et provoquerez, sans vous en rendre compte, des rapports de forces, surtout avec votre partenaire, que vous aurez envie de pousser dans ses retranchements. Il faut dire que votre exigence d'honnêteté, de sincérité **et les côtés entiers de votre personnalité seront accentués.** Né entre le 29 décembre et le 3 janvier, surveillez l'opposition de Saturne, elle vous invite à une prise de conscience.

P E R S O Jusqu'au 22, Vénus traversera un secteur très magnétique de votre thème. **Vous chercherez à séduire quelqu'un,** mais sans que l'intéressé(e) ne s'en aperçoive. Vous emploierez tous les moyens à votre disposition pour vous attacher cette personne, sans pour autant lui révéler franchement le fond de votre cœur. **Dans les couples, certains non-dits pourraient provoquer une petite crise** : essayez d'exprimer davantage vos sentiments ! Après le 22, Vénus sera en position favorable et vous vous sentirez plus facilement en confiance.

BOULOT Mercure entame une nouvelle boucle, dans un signe en harmonie avec le vôtre. Elle durera jusqu'au 7 octobre et c'est le deuxième décan du signe qui en retirera le plus de bénéfices. Ce mois-ci, **un voyage ou la découverte d'une nouvelle passion, voire d'un nouveau milieu, seront au programme.** Votre esprit sera ouvert à toutes les différences et s'enrichira au contact de personnes étrangères à votre environnement habituel. Par ailleurs, une formation, un stage, une nouvelle mission pourraient vous apporter beaucoup.

GROS PLAN **À partir du 27, Jupiter se mettra de votre côté.** Né en décembre, vous serez les premiers à en profiter : élargissement de votre champ d'action, promotion en vue, nouveaux centres d'intérêt seront dans votre actualité.

LA LUNE GÈRE VOS HUMEURS

À LA HAUSSE 1, 4, 5, 13, 18, 19, 27, 28

À LA BAISSE 2, 23

Septembre

Une belle progression

A M B I A N C E C'est une rentrée très positive pour la plupart d'entre vous. Les planètes occupent un secteur d'essor et d'expansion, et même si vous faites partie de ceux que Saturne bloque, **vous saurez tirer une leçon enrichissante des événements.** En règle générale, ce mois-ci vous vous sentirez en confiance, ou c'est vous qui attirerez la confiance des autres ainsi que leur respect. **Votre expérience ou la qualité de votre travail seront reconnues** et vous vous sentirez en pleine possession de vos moyens. Surtout durant la première quinzaine !

P E R S O Jusqu'au 15, Vénus sera prise dans la configuration très positive du début du mois et **vous vous sentirez en harmonie avec les idées et les choix de votre partenaire.** Vous partagerez des opinions, des lectures ou des activités qui vous rapprocheront. Un projet de voyage ou un voyage pourraient renforcer votre complicité. **Après le 15, la raison et le travail prendront le pas sur les sentiments** et vous serez moins disponible ; à moins que vous n'ayez à soutenir votre partenaire mis face à un choix ou à une difficulté.

B O U L O T Mercure continue sa boucle dans le signe ami de la Vierge et, si vous êtes né après le 3 janvier, vous en profiterez plus que les autres : **une formation, un stage ou encore une affaire liée à une grosse société, voire à l'étranger, seront au centre de vos préoccupations, mais dans le bon sens !** Une éventuelle promotion peut aussi être d'actualité. De plus, vous serez très à l'aise dans ce que vous ferez et vous sentirez aidé par votre entourage. Toutefois, si vous êtes de décembre, vous pourriez avoir à défendre les intérêts d'un de vos proches.

G R O S P L A N **La pleine lune du 10 est en dissonance avec Pluton.** Cela ne vous concerne pas directement, mais il se pourrait que vous vous fassiez du souci pour quelqu'un de votre entourage, ou qu'un déplacement soit provisoirement repoussé.

LA LUNE GÈRE VOS HUMEURS

À LA HAUSSE 1, 5, 9, 14, 24, 25, 28

À LA BAISSE 12, 19

Octobre

Très constructif

A M B I A N C E Quelles belles opportunités s'offriront pour vous permettre d'atteindre vos buts ! Non seulement vous y mettrez toute votre énergie et votre persévérance, mais **beaucoup d'entre vous seront aidés par la chance,** c'est-à-dire par Jupiter. On vous fera confiance, on vous donnera davantage de responsabilités et vous aimerez ça ! Même les natifs de début janvier, qui reçoivent l'opposition de Saturne, ne seront pas en reste : **un contrat, un engagement ou des associations prendront un tour très sérieux !** Mais certains auront un choix cornélien à faire !

P E R S O Jusqu'au 9, **Vénus vous valorisera aux yeux de ceux à qui vous voulez plaire,** surtout si vous êtes né après le 10 janvier. On vous appréciera et vous vous en rendrez compte ; vous-même serez assez content de vous. Certains seront fiers du succès d'un proche. **Après le 9, c'est le domaine des amitiés qui sera en vedette, alors qu'un renouveau apparaîtra dans les couples.** Toutefois, si votre union est en difficulté, cette période accentuera son instabilité. La clé d'un retour à l'harmonie sera, encore une fois, le dialogue.

BOULOT Jusqu'au 7, Mercure sera harmonieux et facilitera votre travail. **Vous pourrez terminer sans difficulté ce que vous avez entrepris les mois précédents.** Après le 7 et jusqu'au 24, la planète placera un travail un peu plus difficile sur votre chemin, quelque chose que vous ne pourrez pas faire seul. À moins que vous n'ayez un accord à trouver ou que vous n'attendiez une réponse. **Les négociations prendront plus de temps que d'habitude, mais leurs résultats seront constructifs.** Un projet vous occupera après le 24.

GROS PLAN **Né entre le 22 et le 31 décembre,** Mars termine sa boucle harmonieuse et vous invite de nouveau à soutenir activement un proche, à peaufiner un travail intellectuel ou lié à la communication. Les petits déplacements seront aussi au menu pour certains.

LA LUNE GÈRE VOS HUMEURS

À LA HAUSSE 6, 7, 11, 12, 21, 25

À LA BAISSE 9, 16

Novembre

Cultivez l'amitié

A M B I A N C E Un bel aspect entre Soleil et Jupiter la première semaine du mois vous donnera de l'espoir ou stimulera vos projets. **Des conseils spécialisés ou des alliés professionnels devraient vous permettre de progresser,** et vos idées les plus novatrices seront acceptées. **L'amitié aura son importance,** dans la mesure où elle servira vos intérêts professionnels ou vous aidera à voir plus clair dans votre vie amoureuse, un peu compliquée peut-être dans les semaines qui viennent. Né entre le 4 et le 10 janvier, foncez !

P E R S O Vénus se mettra à l'ombre de votre signe pendant la plus grande partie du mois. **Aussi votre vie affective ne sera-t-elle pas au premier plan.** Peut-être mettrez-vous plus d'énergie dans votre travail, ou dans vos relations avec votre entourage proche. Certains pourraient en effet avoir besoin de votre soutien... **Côté cœur, vous pourriez être provisoirement seul ou mal accompagné.** À moins que vous ne fassiez passer les intérêts et le bien-être de votre partenaire avant les vôtres. Mais le 27, Vénus entrera dans votre signe !

B O U L O T Jusqu'au 12, **ce sont vos projets qui retiendront toute votre attention,** voire un travail que vous devez terminer rapidement ; dans ce cas, vous vous mettrez un peu la pression et la rivalité sera un bon stimulant ! Après le 12, Mercure se placera lui aussi à l'ombre de votre signe, ce qui indique que **vous ne vous sentirez pas aidé face à une masse importante de travail.** Il est possible qu'un collègue manque à l'appel ou que la situation exige davantage de présence sur votre lieu de travail. La semaine du 17 sera particulièrement occupée.

G R O S P L A N Avec toutes ces planètes dans l'ombre de votre signe, ne négligez pas votre santé. Vous pourriez attraper un rhume ou souffrir de petits problèmes circulatoires. Surveillez également une alimentation qui n'est pas toujours en phase avec les règles de la diététique.

LA LUNE GÈRE VOS HUMEURS

À LA HAUSSE 3, 4, 8, 9, 17, 18, 22

À LA BAISSE 5, 13

Décembre

Très ralenti !

A M B I A N C E En avance sur leur cycle, deux planètes occuperont votre signe et vous donneront du fil à retordre. Elles s'opposeront à Saturne et **des lenteurs sont à craindre.** Certains seront également face à un choix qui leur fera peur et ils essayeront d'en retarder le moment. La pleine lune du 8 vous demandera de la patience, de l'abnégation, ou alors de **subir une situation dont vous n'êtes pas responsable.** Attention aussi au surmenage, dans la mesure où Mars change de signe le 16 et risque de vous obliger à accélérer le mouvement.

P E R S O Jusqu'au 21, Vénus traversera votre signe, s'opposant à Saturne jusqu'au 13. Ce n'est **pas une configuration idéale pour votre vie amoureuse** (et même financière), surtout si vous êtes né début janvier. N'en tirez pas des conclusions pessimistes : certes, votre couple peut être en danger, mais vous avez aussi des atouts dans votre manche, et en particulier une grande lucidité. Né à une autre date, **attention si vous faites une rencontre, elle pourrait être très compliquée.** Quant aux couples, ils ne seront pas au meilleur de leur forme !

BOULOT Mercure entame une nouvelle boucle dans votre signe et vous y serez sensible, surtout si vous êtes né avant le 5 janvier : **la semaine de Noël devrait être particulièrement chargée en travail, et fructueuse au plan financier !** Mais avant, vous aurez l'impression de ramer, en particulier durant l'opposition de Mercure et de Saturne, du 7 au 23. **La clientèle ne sera pas très nombreuse ou ne dépensera pas beaucoup !** Dans d'autres secteurs, le travail sera plus pénible ou plus lent que de coutume.

GROS PLAN **Né les 8 ou 9 janvier,** vous serez parmi les plus satisfaits ce mois-ci. Jupiter vous donnera de l'audace et vous attirera la confiance des autres. Prévoyez de bonnes affaires, ainsi que des relations positives avec l'étranger. Un voyage, peut-être...

LA LUNE GÈRE VOS HUMEURS

À LA HAUSSE 1, 5, 6, 15, 16, 19, 27, 28

À LA BAISSE 2, 10, 17